明公啟示錄

解密禪宗心法

《六祖壇經》般若品之四

范明公——著

開 卷 語

一、此套心法，已於文字之中灌頂巨大加持之力量。

二、只須堅信不疑，恭敬讀誦即可獲無上力量之加持。

三、讀誦之時，身心有不同程度的感應實屬正常，乃感應
　　交道之現象。

四、信奉受持此書文字，即可獲得強大息災、轉運、祛病、
　　富貴、滿願之增上緣。

五、信奉受持此書，於現實中必有諸多神蹟示現。

第十八章

六度皆由慧起　慧是根基

戒定慧治三毒　有慧是果

第一節

慧度三行逐層步步起修
六凡四聖階段目標方向

本冊繼續講解《六祖壇經》中最重要的一句話，【善知識！摩訶般若波羅蜜，最尊最上最第一。】

這兩冊我們主要講解如何修行摩訶般若波羅蜜。佛祖告訴我們，般若波羅蜜是最高最上最第一的智慧、最圓滿的智慧，而且是有層次，有階梯性的。我們由凡入聖是有階梯的，並不是可以一步登天、一步到位。

前面講解了五度，布施、持戒、忍辱、精進、禪定五波羅蜜，其中前四波羅蜜都是慧的助行，是因，稱為戒學。第五禪定波羅蜜是果，稱為定學。禪定是六波羅蜜中最核心的樞紐，因為禪定承上啟下，承前啟後，沒有禪定就一定沒有慧，得定就是為了得慧，所有前面四度布施、持戒、忍辱、精進，都是為了得第五度禪定。

第六度智慧波羅蜜亦是果，稱為慧學，慧其實也分為很多種類，本冊我們開始詳細講解。修什麼禪就會得什麼定、得什麼慧、得什麼果，修凡夫禪得凡夫定，然後得凡夫慧，最後享凡夫果。而修最上乘的禪即得最上乘的定，

得最上乘的慧，最後得最上乘的果，此即「摩訶般若波羅蜜」，般若是最上乘的慧，波羅蜜即到彼岸，是最上乘的果。

所以，六波羅蜜也即是戒、定、慧三無漏學。上一冊最後，我們講解了禪定波羅蜜是承前啟後的樞紐，前是因、後為果，定是中間不可或缺的過程。

因此，現在講的般若波羅蜜和之前講的般若波羅蜜，區別就在這裏。都是在講智慧、在講如何到彼岸，前面講的是理，講的是最高的智慧，講彼岸到底是什麼，一步即到彼岸是怎麼到的？然而，現在我們講的摩訶般若波羅蜜，講的則是層次，如何具體修行，這就是六度，即稱為六度萬行。其實，要修行實現由凡入聖，佛法中有六度、有十度，都是相關修行層次的問題。

六度萬行即是由凡夫到菩薩境界，即是得大自在；而十度中的後面四度，方便度、力度、願度、智度，這是從菩薩到佛境界的修行，都有層次。我們從凡夫怎麼能夠修成菩薩？不是通了佛理，知道放下分別，不取不捨，亦不染著，就瞬間成了菩薩，或者忽然就成佛了。那是理上明瞭，但必須還得在事上修。

怎麼能夠修成菩薩，放得下分別呢？因為現在還無法

放下分別，得一步一步的修，那從何處起修呢？佛菩薩慈悲，給我們做出了修行的階梯，即是六度。從六度開始起修，即所謂六度萬行。六度是根本，六度是六種修行的方法，以及六個修行的方向。我們要在現實中修六度，那在現實中就得萬行，用各種方法來實行、感悟、領悟六度。所以，要從理上先解六度是什麼，然後從形上去修，如此才能有所悟，達到悟境。所謂達到悟境，小悟、大悟，再到徹悟即證悟，此時六度就在我們的平常日用中，就可以用了。

那麼第六度慧度，何謂慧？其實就是我們一再講的般若。般若即是智慧，是圓滿的大智慧，是最高的、出世間的、最圓滿的大智慧，亦即是頂點、最上乘的慧。其實慧也是一樣，慧度分三行，也有三個層面，即要修好最上乘的慧，到達般若境界，也是有階梯、有層次的。

那麼，慧度三行是指哪三個層面和階梯？第一為身空無分別慧，第二為法空無分別慧，第三為俱空無分別慧，這是第六度的三行，稱為慧度三行。其實六度當中每一度都有三個層面、三個層次，然後以此不斷從低到高的修，從有到無，從有形到無形，從有為到無為，如此一步步修起，都是按照層次而來。

身空無分別慧、法空無分別慧、俱空無分別慧，就是六度中的慧度三行，修的是空，觀的也是空；空不等於無，空中又有萬有；空而不空，萬有也不是實有。我們悟的就是這個理，修的就是這個行。

　　身空無分別慧是何意？身又是指什麼？世間萬象，包括我們人身，都是由五蘊和合而成，五蘊即色、受、想、行、識。所有五蘊和合而成的，本性是空的。現代量子物理學已經證明這一點，萬物皆空，我們所見到的世間的萬事萬物，所有的有形之物，都是空的。然而為什麼是空的？因為都是由最小的、最基本的、所謂的陰陽離子，經過不同的排列組合而成，所以萬事萬物本身即是空，看似有各自的形狀，但是如果將其分解開來，就是一堆最基本的陰陽粒子。

　　本來就沒有什麼不同之處，所有萬事萬物都是，由最基本的陰陽粒子的不同排列組合而形成的。也即所謂五蘊和合而生。我們在修慧這一度的時候，就是從此起修，即首先見有形之萬物皆是五蘊和合而成。

　　五蘊，色受想行識。色，即是由四大和合而成，即由地、水、火、風四大形成色身，然後受、想、行、識是心的作用，所以色身、色相加上心的作用、心的功能，即謂

五蘊合和，才形成世間有情、有形之眾生。所以，要修慧度、慧波羅蜜，就要先觀身空無分別，從此開始起觀；如果要修行，不斷在理上明，在事上修，其實還是僅能得到二乘的智慧，而非最上乘智慧，所謂二乘即分別還沒有完全放下，還有空和有的概念，看到的只是事物的表象，認為事物就是表象的這個樣子、這個狀態。所以佛法一再強調，世間萬物其實本性都是空的，此即所謂一切相皆是虛妄。

《金剛經》不斷提醒我們，一切相皆是虛妄，無人相、無我相、無眾生相、無壽者相。即一切的人相、我相、眾生相、壽者相，這些有形有相的本性都是空，不是實有。古人在科學、科技那麼不發達、甚至是落後的狀態下，能悟到整個宇宙的萬事萬物本性是空，都是由五蘊和合而生，的確是非常偉大的。現在的量子物理學等最前沿的科技，其實是在不斷驗證著佛法。佛為我們講述了宇宙是如何構成的、宇宙的真相是什麼、宇宙的本質是什麼。我們很容易知道釋迦牟尼佛祖到底有沒有大神通，他拿著一杯看上去特別清澈的水，告訴弟子這杯水裏有八萬四千種生命。他是怎麼看出來的？現在我們用高倍的顯微鏡，甚至電子顯微鏡，能夠看到佛所說水中八萬四千種生命，即是各種菌類微生物處於何種狀態。這是肉眼根本觀察不到的，但

是佛開大智慧，就能感悟、就能領悟、就能知道。

　　然而佛是怎麼知道的？我們不要去妄想所謂佛有大神通，佛開了天眼……等等。那都是我們的妄想，其實根本不是我們所謂的開天眼、大神通，這些神通人人都具備，但是我們為什麼看不到？因為，我們只相信自己的眼睛，眼睛看到了才認為存在，而且認為自己能看到整個世界，殊不知其實並看不見什麼，心被遮蔽著，眼就看不見東西。世間的萬物並不是眼睛看見的，而是心中有什麼眼睛才會看到什麼，心中有什麼耳朵才能聽見什麼，一切都源自於我的心。

　　我們為什麼修佛法？為什麼修慧？修的是什麼慧？為何要放下分別？為什麼佛告訴我們要修空觀？為何修空？不空怎能清淨，身空、法空、俱空，什麼空就能見到什麼。這就是《金剛經》所言：「離一切諸相，即名諸佛。」離什麼相才能看到其真實的本質，即是如來；著什麼相就看不見其本質，而只能看到一個點，此即著相，如此就會被束縛，以為看到了整體，其實根本看不見整體，只是管中窺豹。

　　這就是千年以前的佛，能夠把宇宙自然的真理、真諦闡述出來，非常的偉大。所以我們現在最前沿的科技，量

子物理學等，正引領我們走向微觀世界。而在觀察微觀世界的過程中，才發現原來佛說的都是至理，也都在驗證著佛所講，對世界真相、世界本質的看法和知見。其實佛所講的都是微觀世界，已經超越了對宏觀世界的觀察。所以，佛所講的一切其實都不是在分子結構中的呈現，而是在原子結構，甚至更細微的微觀世界裏呈現的定理定律。這些最微觀的世界，才構成整個世界所謂真實的存在。我們看到現實中一切宏觀、有形有相、有情無情的眾生，僅僅是微觀世界的投射而已。

宏觀世界有宏觀世界的運行規則，微觀世界又有微觀世界的運行規則，宏觀世界的時間空間概念，包括物體的質量、速度等等概念，和微觀世界的時間空間概念、物體的狀態及速度等概念，完全不是同一回事，甚至是截然相反的。

儒家、儒學所講的是，世界是由陰陽兩部分構成的，即所謂形而上者謂之道，形而下者謂之器。何為形而上？就是我們現在量子物理學所講的微觀世界。所有的道都是在微觀世界發生的，而何謂道？道即是萬事萬物的本源，根源都在微觀世界，都在形而上。

何為形而下？現在所說的宏觀世界，也就是我們的眼

睛能見到的、五識能感知到的現實世界、物質世界、宏觀世界的一切人事物、萬事萬物。這就是所謂形而下者謂之器，器相當於器皿，是有空間的、有容積的。而且任何一個器不僅有空間，還有成住敗空，世間、宏觀世界裏的任何一個東西，都有其生成，有其發展，住亦即是常住，然後有化解、分散的過程，又都有滅的過程、空的過程，所以就是無限的迴圈。世間萬有都是在一種潛在的、一股神秘的力的作用下，既有時間的延續，又有空間的容積、體積，所以稱為器質世界，也就是宏觀世界。 但是，我們的祖先其實已經在告訴我們，器質世界裏面的一切其實都是假象，包括我們的身體。之所以稱為假象，因為那僅僅是投影，都是由我們摸不著、看不見的心投射出來的。

有人還沒理解，問：「老師，是不是由微觀世界投影到宏觀世界啊？」

其實不是的。我們的心一經投射出來，都是一對一對，成對的投出來的，既投射出宏觀世界的一切，同時也投射出微觀世界的一切。心是本體，本體投射的時候就變成了陰陽，動者為陽、靜者為陰，有形者為陽、無形者為陰。其實如果從我們五識的角度來看，宏觀世界即是投射出來的陽，我們能看到、摸到、碰到，有成住敗空所以是動的，

也有體積，有其運行方式，有其規律，這就稱為陽。同時，每一樣心所投射出來的世間萬物，在精神領域一定有著與其對應的象，這就稱之為陰。

任何萬物都一定是成對的，都是陰陽，都有陰陽的屬性。所以，我們祖先的智慧，從最早的上古聖人伏羲氏，經過三皇五帝，以及由禹建夏開始的夏商周時期，一直到周朝後期的孔子，其實我們的文明一直就把這一整套的理論學說，對宇宙自然真相的看法、以及宇宙自然運行規律的掌握，這一套整體的體系，已經在運用著，這就是我們東方的智慧。而西方人在最近幾十年、近百年中，由於量子物理學即微觀物理學的不斷發展，經由科學實驗，透過對宇宙自然更細微的觀察，觀察出了一些規律，這些規律其實都符合佛法，都符合我們中華的智慧，都在證實中華文明與智慧的超前性、實用性，及其可行性。

其實，我們現在所學的祖先智慧絕不是落後的，更不是已經或者將要淘汰的學說和觀點，而是在學習極度超前認識世界真相的知見，以及掌控整個宇宙世界運行規律的方法。而現在微觀、量子物理學，僅僅揭示了宇宙自然的一部分規律，甚至可以說僅僅揭示宇宙自然當中九牛之一毛的規律，太多的、稍微深一點的規律，還都沒有揭示出

來，這條路還非常的長。

　　而這一套近乎完整的規律，我們東方古人早已經在聖人經典中揭示了。現在的自然科學已經走到一個新的瓶頸，如果現代科學再想往前發展，則必須得有一個正確的引導方向，在正確的方向下做大量的科學實驗，這些實驗才有意義、才有用，而這一定得是在東方智慧的引導下，才能走出一條正確的路。何為正確的科學發展之路？即是一定要尊重自然、敬畏自然，一定要與自然和諧共生，一定要走這一條路。如果不走這樣的一條路，走到後面一定是隨著科學越來越進步，地球越來越不適合人類的居住，最後人和自然就會在對抗的狀態下，人類一定會被大自然所消滅。

　　所以我們做事一定要上循天道，下合地規，中間通人事，這就是我們祖先的智慧，是我們文明智慧的一部分。下一步人類真正的發展方向，一定得從東方的文明中去尋找，從東方的智慧中得到引導。因此，我們講佛法，講到六度或者十度波羅蜜，現實中如何來修，其實就是告訴我們要想在現實生活中起修，一定要從理上去理解。所有的理，對宇宙自然真相的認知，以及對宇宙自然發展規律的認知與掌握，都是從何而來呢？其實都是佛、菩薩經過艱

苦的修行，已經達到了宇宙中很高的級別，已經到達高維度，到了宇宙至高的境界以後，即經過解悟、行悟，最後達到證悟，回過頭來再看這個世界，然後把所感知到的宇宙自然的真相及規律，透過經典告訴後世子孫。

因此，我們要從佛理上領悟法，然後按照佛教給我們的修行方法，亦即是六度、十度之修行方法，重新認識宇宙自然。我們要放下眼睛所見、耳朵所聞，放下我們的五識攝取的資訊，要放下這些，不要以此為真，如此我們是以佛法為真，以佛告訴我們的真相、宇宙自然發展的規律為真，轉變我們的知見，然後在現實生活中不斷刻苦修習六度，達到一個新的生命標準、新的生命境界，那時我們就達到行悟、證悟的境界，再回頭看這個世界就完全不一樣了。那時我們就已經超出三界外，不在五行中，這就是我們修行的目的。

我們修行的目的又稱為昇華。我們在凡間，現在所在的地方稱為六凡界，要脫離六凡界，昇華到四聖界，合稱為十法界。十法界即十條路，我們往哪條路走呢？六凡界即六道輪迴，我們現在都在六道輪迴中，而且是迷在六道輪迴當中，甚至其實在六道輪迴中都不是上乘的境界。六道輪迴中還有四惡趣，亦即是四惡道，我們現在作為人，

相當於是在中道，上面還有天道，因此作為人在六道裏都不是最上乘。所以我們得知道層次的劃分、階梯性的劃分，然後我們就知道怎麼起修，一步一個臺階的往上走，這樣才能夠有階段性。

　　在此所講的六度，並非最高的般若大智慧。透過前書的講解，我們已經清楚了般若大智慧如何而來，即所謂放下分別、放下比較，不取不捨亦不染著，不被內境與外境所染著、所執迷，我們就能得到般若大智慧。但那是最高的法、最高的理，也是最高的修行，是結果，因此要先講清楚。而現在講的是如何能夠從一個普通的凡人，一步一步的讓自我昇華，在現實中一步一步的圓滿，而後我的身心繼續不斷的昇華，從而超出六凡界，達到四聖界。這就是我們修行的目標和方向。

第二節
揮智慧之劍正道僅一條
觀萬物皆空佛度是自己

六度當中，慧度是第六度，同時也是最重要的一度。慧學、慧度如果修成了，就是果，有慧了我們就昇華了。所以慧度是橫跨六度的，布施，也得是有慧的布施，才稱之為真布施；持戒，也得是有慧的持戒、帶著智慧的持戒，才可謂真持戒；忍辱，也得是有慧的忍辱稱為真忍辱；精進，有慧的精進稱為真精進；禪定，有慧的禪定才稱為真禪定。否則都是外道、邪道、小道、權道，都不究竟，而不究竟的就容易走偏走邪。其實都是布施，有正布施、有邪布施；都是持戒，有正持戒、有邪持戒；都是忍辱，有正忍辱和邪忍辱；都是精進，有正精進、有邪精進；都是禪定，亦有正禪定與邪禪定。然而，正道只有一條，邪道千千萬萬，我們不能走上邪道。

所以，六度修為中，前五度都必須有慧貫穿其中，才能做到走上正道，用正之劍、用智慧之劍，披荊斬棘，才能走向終極的圓滿目標。而慧究竟如何修行？由凡入聖如何起修？即所謂慧度三行，前面講解了身空無分別慧，那

麼何謂法空無分別慧？就是我們透過對宇宙萬事萬物的觀察，發現原來都是五蘊和合而成的，原來都是空。當我們觀到萬物，注意此處用的是觀，觀到萬物皆空，就會發現原來其本性都是空的。不管是形而上還是形而下，不管是精神領域還是現實世界，萬事萬物、萬有其實本性皆空。我們觀察到本性，觀察到事物的本質原來也是空的，這即謂法空。透過觀，即觀察法空無分別，所得到的智慧就是得到了菩薩智慧。

　　觀察身空無分別，得到的是二乘的智慧，就還是有漏的智慧；觀察到法空無分別，破人我即破除了我執，破除了法執，就到了菩薩的境界，這即是菩薩智慧，要清楚都是從觀中來的。那麼，到了俱空無分別慧，即智慧的最高層面，我們已經發現宇宙的萬有其實本性是空，不僅知道是空，而且證到空了，即我空了破我執，法空了破法執，這稱為證到空了，這種空性稱為俱空，即是連我都空了。而菩薩智慧、菩薩道，其實還有一個「我」在，所謂我是大自在，我要度化眾生，也就是還有「我」和「人」。所以菩薩是大智慧，行走化現於各個空間、各個維度、各個世界，救度眾生。菩薩非常的忙，天天腳不沾地的化現於十方世界救度眾生。

到達佛智慧時，我們發現佛智慧，無人相、無我相、無眾生相、無壽者相。佛智慧中是不存在救度眾生的，沒有什麼眾生是需要佛去救度的，佛不會跑來跑去的救度眾生。佛只是在自己無餘大涅槃的狀態中，在常樂我淨的狀態中。這就是佛，而誰是眾生，誰又是我呢？其實到了佛境界的時候，就已經證到一種如此的境界，眾生即我、我即眾生，山河大地、日月星辰在我的世界、我的宇宙中，一切都是我化現出去的，一切都是我的一部分。

　　菩薩每天很忙，忙著救度眾生，十方世界的眾生都要去救度。其實菩薩在救助誰？外面哪有眾生需要菩薩去救度？可是，如果說沒有，外面沒有眾生需要菩薩救度，而菩薩還非常的忙，還在辛辛苦苦的救度無量無邊的眾生。那菩薩在救度誰呢？是有眾生需要祂救度嗎？其實，所有菩薩要去救度的眾生，都不是別人，而是菩薩自己。菩薩沒有救度任何一個其他人，救度的所有眾生全是自己的一個人格化現，即所謂菩薩救度的、使其圓滿的都是自己的一個不圓滿的人格。菩薩天天都在救度，救度的不是別人，其實救度的就是自己。

　　所以《金剛經》有一句話，如果說佛菩薩救度了無量、無邊、無數的眾生，但是實無一眾生是佛菩薩救度的，如

果有人說佛菩薩救度了一個眾生、一個其他的眾生，那這人就是在謗佛。其實這句話講的就是這個意思，佛菩薩救度的永遠都是自己。

那麼，菩薩到佛的境界，把無量、無邊、無數的眾生都救度了，其實就是把所有的、自己不完美的、所謂有缺失的人格，都整合回來了。當完全整合回來的時候，就成佛了，就是一個整體，每一個人格都沒有缺失，每一個人格都完整了。每一個人格都圓滿，整體就圓滿了，就進入「一」的境界，即所謂一真法界，這就稱為佛的境界。什麼狀態下能夠進入佛的境界？只有且必須證悟到俱空無分別慧，生起此慧，度所有煩惱之苦，生起此慧，所有煩惱一併消盡，所有的眾生一併圓滿，這時就到了佛境界，此即為佛智，就是俱空無分別慧，是佛智慧，境界就圓滿了。

當我們行悟到身空無分別慧，就到了緣覺境界或者聲聞境界，已經超越了六凡的境界，進入到了四聖境界的低層。那麼，當行、證悟到法空無分別慧，就已經進入到菩薩的境界，就是大菩薩，就自在了，就沒有煩惱了。每天都是利他、利眾生，天天很忙的在度化眾生，這是菩薩境界。菩薩是十方世界任意遊，那即是大自在，生在十方世界都不是胎生、卵生、濕生，而都是所謂化生。我們的世

界有菩薩，而菩薩是怎麼來的呢？我們都有父母，都是父母生出來的，即是胎生。而菩薩是化生，何謂化生？即需要救度你的時候，祂立即出現在你身邊，而你根本不知道祂是菩薩。

也許在你最難、最需要幫助的時候，跟你說句話，破你的疑惑及痛苦；或者走到荒郊野外，馬上就要遭遇最危險的情況時，突然不遠處出現一個人，來給你指點應該往哪兒走；或者在你想自殺的時候、了無生趣的時候，有一位貴人忽然出現，一直聽你傾訴、幫助你，而當你這一段狀況過去之後，這個人就消失，永遠都見不著了。

其實我們的生命當中，會無數次的碰到這樣的人。我們從小到大，在我們最難的時候，也許就會得到某個人的幫助，後來可能再也沒有聯繫了。那他是世間存在的一個人嗎？是存在過，他跟你聊天的時候也有家庭、有父母、有兄弟姐妹，也有什麼，但是以後你卻再也聯繫不到了，這種情況是有的。尤其是在我們碰到危機的時候，往往就會突然出現一位貴人，立刻把我救了，或者一句話點醒了我等等，這樣的貴人都有可能是菩薩化生的。

為什麼菩薩會來幫助我們？其實這就是我們生生世世以來積德行善，我們可能有信仰，菩薩就會有感化，相應

而來。這就是所謂的迷信嗎？其實不然。並非現在的科學解釋不了的就一定是迷信。現代科學想把宇宙自然的真相，把宇宙自然發生、發展的規律，解釋萬分之一，甚至十億分之一，都是不可能的。其實根本連十億、百億、千萬億分之一的宇宙自然發展規律都解釋不了，全部都不可能，根本都解不了，這是我們人的局限性。只有透過一條證悟之路，我們才真的有可能徹悟的掌握宇宙的真理。

然而，現在要透過科技手段，從物質的狀態下做科學研究，我們永遠都不可能達到看見宇宙真相的深度。永遠在科技的角度和領域往下發展，速度太慢了，方向和方法是不對的，這就是一條錯的路。如果再繼續按照現在西方科技的路往前發展，不用多少年人類自己就會滅亡。這是一條錯誤的道路，我們的古聖人早已提醒我們這一點，不能從器質世界、物質世界入手觀察整個世界的運行狀態。我們必須要用心的力量，生起我們的智，生起我們的慧，只有人本身才能領悟和感悟到整個宇宙的真相及運行的規律，必須按照正確的方法去做，才能感知。

而這種對宇宙自然的感知，不是整體性的感知，而是個體的感知、個性化的感知，一花一世界、一人一世界、一佛一世界，我即是這個世界的全部，只有我能感知這個

世界，而且能夠感知到這個世界的一切。因為我的宇宙、我的世界就是由我這顆心投射出來的，所以只能我來感知我的世界。科技發展之路走到現在，必然要面臨瓶頸問題，因為其方向是不對的。然而什麼方向才是對的呢？什麼樣的方向是究竟的呢？只有佛為我們指出的這條修行之路，才是唯一正確的道路，即是所謂不二法門、不二之路、不二之道。正路，即認識宇宙真相與宇宙規律的正路只有一條，沒有第二條。

想從科學、科技的角度認知宇宙，只能認知到表面、皮毛，再深邃、再深入就下不去了，而且一旦下去了反而就不對了。現在西方科技的發展方向是錯誤的，如果不能戒除人性當中的貪、嗔、癡三毒，只是在科技角度不斷的探究宇宙的真相，如此探究的越深，掌控的能量就越大，力量就越強，然後又沒有克制住內心的三毒，掌握強大力量的人就是魔了。人類如果沒有在心性、人心整體昇華，沒有在戒的狀態下，而是在去除不了貪、嗔、癡三毒的狀態下，又掌握了巨大的精神領域力量，還有巨大現實中的能量，最後我們將會被自己的力量所摧毀。現在的世界已經走到了毀滅的邊緣，外面沒有什麼能毀滅人，只有人類自己毀滅自己，這是非常可怕的。

而人類如何毀滅自己呢？即不從心性上起修，戒除不了三毒，貪欲無窮無盡，是無底洞。我們瘋狂的製造，所謂為自己便利，而破壞宇宙自然環境的器具、工具，比如汽車、飛機、空調等，都是為了自己身體上、生理上的感受，方便快捷。我們不顧自然環境，挖掘地球的資源，耗費地球的資源，把地球挖得千瘡百孔，使得樹木植物都滅絕、動物也都滅絕，就是為了我們自己的貪欲、貪婪。我們不顧地球的生態發展，最後地球將不再適合人類居住。

這就是人心當中的貪，如果我們解除不了，我們就不是用智慧認知宇宙，而是用所謂的現代科學、科技手段達到自己的目的。地球人其實就是一群沒有底線、被貪欲吞噬的餓鬼，瘋狂的為了自己的感官娛樂、享受、舒服，製造各種工具、器械，我們就在實現著自我膨脹，填補著深深的、貪婪的無底洞，最後就會將我們帶向毀滅。

此外，透過對微觀世界的瞭解，我們掌握了巨大的力量，比如現在我們已經掌握原子核分裂發出的力量，後面我們可能繼續掌握中子、掌握電子，而掌握的越是微觀，發出的力量就越強大。掌握了這麼強大的力量，又不能克制自己的嗔恨心，所有的人類將變成兇神惡煞的阿修羅，一群修羅道的眾生，為了利益會不擇手段，相互爭鬥、相

互衝突、相互毀滅，甚至最後同歸於盡，這就是我們人類的現狀。地球的人類，掌握著能夠摧毀敵人的巨大能量，但同時也就掌握著將自己一同摧毀的強大力量，而人類又沒有去除掉嗔恨心，這將是多麼可怕的事情。

由於貪欲，我們墮落到了餓鬼道；由於控制不住嗔恨心，而且掌握巨大的力量，我們又墮落到了修羅道；在物質世界越是研發，所謂科學的越是發展，我們就越癡迷於對物質的掌控，我們有各種遊戲，有手機、電腦等，我們每天沉迷其中，越來越癡、無法自拔，每一個人沉迷在我們開發出來的、各種虛擬世界中，其實我們已經是地獄的眾生了。我們天天看電視，被虛假的劇情所吸引；玩手機、看抖音，我們的感官已經完全被外界的遊戲、紛繁的虛假環境和場景，深深的迷住了。吃飯的時候看抖音、玩遊戲、追劇；該睡覺的時候不睡覺，還都被它們所深深的吸引，我們已經是地獄眾生自己卻還不知道。

地獄的眾生就是在各種各樣的煎熬著，身體、精神都受到非常深的侵蝕。貪、嗔、癡三毒，隨著科技的發展，不斷強化，現在人都已經不是人了，打開天眼立刻可以看到遍地都是餓鬼，遍地都是修羅，遍地都是地獄眾生，這就是人類發展的危機。不從根本上去除貪、嗔、癡三毒，

不修清淨心，只知一味發展所謂現實中器質世界的科技、科學，我們還以為這是超前，其實都不是智慧。其實我們是不斷在沉迷，認為好像是以所謂的科學破除迷信，打著科學的旗號，生產、研發那些所謂刺激的、人類感官享樂的、讓感官更加享受的、各式各樣諸如此類的娛樂，其實就相當於精神上的毒品。

我們每一個人都身陷其中，例如蘋果手機所開發的強大娛樂功能，就使我們無法自拔。在這一點上來講，所謂偉大的發明家、偉大的物理學家，其實都是魔的化身，愛因斯坦、居里夫人是魔，賈伯斯、比爾蓋茲是魔，特斯拉、馬斯克也是魔，為什麼？因為他們的發明、創造，沒有給人類帶來更幸福、更美好、更安寧、更清淨、更長久的未來，由於他們所謂偉大的發明，使人類不僅在心智上沒有任何的提昇，反而在感官上不斷的墮落，所以他們是魔。

我們的祖先聖人為什麼一再的告誡我們，不要為了感官的享受與刺激，發明那些奇技淫巧，也不允許發明。不是我們的古人祖先沒有那種智慧去發明現在所謂的科學創造，而是不允許我們往這個方向發展。我們中華古人的智慧，包括佛之橫空出世，都是要告訴我們，不斷向內心去看，返觀、返照自我，讓我們的心不斷昇華，讓我們的心

不斷清淨，讓我們的心趨向於安寧。我們要放下感官的享受，要看淡感官刺激，要與自然和諧共生，不要去破壞自然。我們不能因一己之私，去破壞與我們朝夕相處、為我們提供清潔的水、清潔的空氣的大自然；我們不能為了人類的便利，去破壞整個生態系統，否則那將是自我毀滅。

中華古聖人深深的看到了這一點，所以他們牢牢的掌握著中華文化、文明、科技的發展方向，從我們的人心、人倫之道、人文之道入手，讓我們在人心中昇華，讓我們越來越清淨，讓我們走這一條路；不允許我們在現實生活中，進行那些所謂奇巧淫技的發明創造。這是我們古人的智慧，也將是今後世界人類、地球上的人類，唯一可行的出路，如果不按照中華古人的智慧去發展，人類必將走向滅亡。這不是危言聳聽，我們看一下現代世界，是不是貪、嗔、癡遍地，戰爭不斷，瘟疫不斷。為什麼？因為都是心中發出的毒不斷的彌漫、不斷的擴散，人都已經被娛樂沉迷的不是人樣了，遍地都是骷髏樣的餓鬼，遍地的修羅在爭鬥，遍地的地獄眾生在煎熬。

因此，佛橫空出世，為我們指出一條人類發展的明路，這是我們學習佛法，或者學習中華古文明、古智慧的意義所在。六度中的慧就是為我們強調這一點，我們要有智慧，

一切行動都一定要在智慧光芒的照耀下前行。智慧之光、智慧之劍，破的就是心中的貪、嗔、癡三毒。三毒一破、人心一變，即破三毒變成戒定慧，這才是人類發展真正的方向。而不是現在所謂的只追求感官享樂與刺激，所謂便利的科學與科技的發展方向，那些是修羅科技。為什麼稱為修羅科技？西方現在所走的路，不講究人心的改變，不講究克制內心的貪嗔癡，只是一味的發展科技，這就是所謂修羅科技，會將人類帶向自我毀滅、滅亡的狀態。

　　只有東方的智慧，即我們中華祖先的這一套智慧體系，才是拯救現在人類的唯一出路。放下對現在所謂科技的追求，放下對生理上的便利、生理上的享樂、生理上的刺激，返觀內心，回照自我，在我們的心靈深處昇華，克制住我們人性中的惡、毒，變三毒為戒定慧，這才是正路，這就稱為慧學。為什麼慧學要先從身空無分別觀起，要讓我們有這種智慧？這種智慧度的又是什麼？其實都是在度我們的三毒。智慧之劍克制的就是內心的三毒，而三毒是煩惱的根本所在，因為有了三毒，我們才有了無盡的煩惱和痛苦。我們越是沉迷於貪、嗔、癡三毒，煩惱就越深，痛苦就越深。所以，慧度、慧波羅蜜所克的就是我們身內的三毒，每克一毒即上升至一個境界。

第三節

脫世間惡趣五戒十善成天人
慈悲力量巨大佛菩薩修而不修

我們如果想要達到菩薩境界，就得修六度萬行。現在講的六度萬行，就是教我們如何從凡夫修到菩薩的境界。菩薩的力量無比巨大，而菩薩擁有的是一種什麼力量呢？菩薩擁有所謂慈悲的力量，慈悲救度所化生出的力量無比巨大，可比諸如核武器、生化武器、基因武器的力量要強大太多了。然而由於菩薩的清淨心，菩薩的利他、利眾生，以及菩薩救度眾生之大願，會把無窮無盡的強大力量和能量，趨向於正向；會使宇宙更加序化，發出的是善，不會導致眾生更加沉迷、更加貪婪、更加衝突、更加暴力，這就是菩薩的力量。

菩薩的力量如何而來呢？一定是從修六度而來，所以六度、六波羅蜜是修成菩薩唯一正確的道路。當然，這都是有層次的，此處先不講應該怎麼成佛，整部《六祖壇經》都在講如何成佛，而我們在這裏講六度，好像比成佛要低一級，並不究竟。既然我們講了最高的，為什麼還要再從低處開始講？因為怎麼能夠直接做到圓滿、做到究竟，其

實不可能一步就達成。如何成佛、放下執著與妄想，說起來很簡單，但是怎麼能夠做到？如果連菩薩是如何做成的都不知道，菩薩都修不成，又如何成佛？佛是由菩薩再繼續不斷的修，才修成佛的。

六道當中，所謂餓鬼、地獄眾生、畜生、修羅的狀態，並非是死後變成那種眾生，而所有六道輪迴的狀態，都是活著的時候就已經如此了。你現在還處於四惡趣中，甚至人身都沒了，而所謂的這一副人身，看一看到底是什麼狀態？是地獄中煎熬的眾生，或者呈現的是餓鬼的狀態、修羅的狀態，只是看似有一副人身，即所謂行屍走肉。你活著的時候就已經在地獄中煎熬了，天天不睡覺，天天被遊戲、抖音、電視劇迷得捨不得睡覺，不就是在煎熬嗎？你以為自己是什麼？其實就是餓鬼，就是地獄眾生。有一點事情，你就煎熬、焦慮，睡不著覺，害怕擔心，那不就已經是地獄眾生了？身體的各種痛楚是怎麼來的？就是因為你的作息，沒有一個好的作息時間、沒有規律。

你都已經不是人了，天天被那一點情迷著，已經無法自拔；要不就是為了求財、求官，為了這些求不得苦，看看自己變成了什麼？被貪欲的無底洞深深的吸引、吞噬著，你早就已經是餓鬼了。你現在是四惡趣，亦即是四惡道，

要嘛是修羅，天天跟人爭鬥，天天跟人搶奪，不擇手段的打，就為了那點利益，已經落入修羅惡道了；要嘛就是畜生，愚蠢得很；要嘛就是餓鬼，貪婪相；要嘛就是地獄中受無盡煎熬的眾生。你就是這個樣子，天天還說要一步成佛，憑什麼？你還得走中間的過程。

《六祖壇經》告訴我們的是如何成佛。但這是為誰講的？不是為地獄眾生、不是為餓鬼、不是為畜生、不是為修羅所講的，禪宗只針對上上根之人。而上上根的人已經是菩薩，其清淨心已經是菩薩境界，業障輕薄的很、福德廣大的很，所以才能一聞經典立刻開悟、大徹大悟。你現在還是地獄的眾生，還在煎熬著，你聽聞佛法，就算天天跟你講，你都根本聽不進去、都聽不見。

所以，修行要有次第，我們在講《六祖壇經》的時候，從天上又回到了地下，來講十度眾生、十度波羅蜜，即是要告訴大家如何一步一步的修。我們現在已經是地獄眾生了，如何脫離地獄？首先變成一個人，然後再向上修成天人，從天人繼續往上修，到聲聞界，再到緣覺界，再到菩薩界，最後到佛界。當我們到達菩薩境界的時候，再來看《六祖壇經》，再來讀《金剛經》可就不一樣了，但是現在我們根本感受不到。

自己看了，或者聽老師解讀《六祖壇經》之後，為何會有這麼大的衝突？為何有那麼大的質疑？為何有那麼多想不通的困惑呢？因為你現在還是地獄的眾生，在煎熬著，哪能聽得見佛法！佛法告訴你的就是跟地獄完全相反。你正在那邊受著烈火的煎熬，這邊清涼的甘露水撒到你的身上，你是感覺不到的，甘露水還沒到你身上，就已經被你身上的欲火、貪婪之火燒沒了，所以你根本感受不到。到你身邊的時候，甘露水就是一股水蒸氣，你根本不知道那是什麼，當然就困惑了。

　　所以，在此要告訴大家，我們知道要修最尊最上最第一的大智慧，但是我們不能從這裏起修，還得有一步一步的修行階梯，得有層次。所以我們在講如何修成菩薩道，即從一個地獄眾生如何使自己解脫，先成為凡人，然後從人昇華到菩薩，這要有幾個過程階段。為什麼要學六度？六度是做什麼的？六度就是要帶著我們經過從凡入聖的過程，我們修布施、修持戒、修忍辱、修精進、修禪定，然後我們現在修慧，就是這樣的一個過程。

　　凡人到菩薩有幾個境界？第一，先要在凡人當中、在人這個境界中，我們要做到福慧雙全，即在人的境界中福和慧缺一不可，要有大福報，還要有智慧。只有福報沒有

智慧是不行的，福報盡了，還是會墮落到餓鬼。而何為慧？慧即是斬貪、嗔、癡三毒的利劍，是光明，把貪嗔癡三毒照滅，使之消失，使光明照盡黑暗。所以必須得有慧，福才能長久。

然而，做人如何能做到福慧雙全呢？我們在人間盡量修我們的福報，積功累德。然而善是什麼都不知道，我們怎麼修呢？從何處起修，增加我們的福報、增加我們的功德？還是得從布施、持戒、忍辱、精進、禪定、慧，從六度開始起修。然而六度是有形有相的起修，比如從布施上來講，既有有相布施又有無相布施。上一冊講過，布施又分三行，即財布施、法布施、無畏布施，我們要把有形有相的先做好，盡量去幫助別人。何謂盡量？就是當我真正有了財富以後，不要吝嗇、不要貪婪，有人真正有需要的時候，我就真正去幫助他，但是要有慧做根基、做前提，就是要在有慧的狀態下去修布施、積福德。

又要在有慧的狀態下去持戒。從持戒來講，既有有相的戒，又有無相的戒，我們還是得從有相開始修起，盡量克制我們的貪嗔癡，從有形有相上先去克制，然後修到高境界的時候，才能達到無相戒，那時候就無所謂戒了。而當布施修到無相布施時，其實已經無所謂行布施，但是不

能認為既然無所謂布施，那最高境界的布施就是不布施，無相布施就是不布施了，那你就是在給自己找藉口。所以，還是要從有相中來，持戒也是從有相中來克制自己，首先有意識的克制自己內心升騰起來的貪欲、嗔欲以及癡欲，盡量讓自己清淨下來。

當我修忍辱時，盡量讓自己寬容，盡量讓自己包容，隨著學習佛法就逐漸知道，其實到了無相忍辱的狀態時，哪還有什麼辱，那是最高境界，所謂誰欺負我、誰侮辱我、誰看不起我，都是我以為。而低境界，我們人要想起修，不能沾火就著，要先忍著，也得從有相的忍辱開始修起。

所以修人，從人道上起修，我們要先做到福慧雙全。做到這一點後，我們再努力往天道上修。天道是善道之一，從六道輪迴來講，人道也是善道，然後是天道，從人向上昇華成天人，這是修行的一個過程。如何修天人？如何才能從人道上昇到天道？就是要修五戒十善，先從五戒上起修，五戒就是五大根本戒，即不殺、不盜、不邪淫、不妄語、不飲酒。不飲酒即是不上癮，即所謂上癮行為我們要戒除。

然後修十善，何謂十善？即是身口意皆善行。控制住身口意，身不犯惡戒、不造惡業，口不造惡業，意不造惡業。身如何控制？身有三善，不殺、不盜、不淫，其中不

淫並不是控制男女授受不親，不是讓人禁欲，而是不邪淫。淫其實就是貪婪，不僅僅是男女的性欲，而貪婪、沉迷於淫技，陷於某種狀態，如陷入遊戲裏，其實也是淫，享樂、在虛擬世界中無法自拔，這也是淫，也稱為邪淫。本來玩遊戲沒問題，看抖音沒問題，看電視劇也沒問題，但深陷其中無法自拔，就是邪淫，也就不是正淫。男人喜歡女人本身沒有問題，正常的夫妻、正常的性愛沒有問題，繁衍生息當然沒有問題，但不能沉迷、不能過度、不能變態，這是要控制的。此即所謂身三善。

口有四德，不惡口、不妄言、不兩舌、不綺語，這是口有四德。口不傷人，口中不造業報，把四德控制住，口出的都是善言。身行，即行為上我們都是善，善必有善報，這都是由人向天人起修的過程。意又有三善，即每一思念間，每動一個意識，都要做到不貪、不嗔、不癡，這就是所謂意之三善。身有三善、意有三善、口出四德，合稱為十善。

修五戒十善，就是修如何從人昇華到天人的境界。然而昇華到天人境界，並不是指人死之後變成神仙、變成天人去享福報，而都是活著的時候，就已經從人到了天人的境界。如果在世間，從現在開始，看懂我書中所講，聽我

講經說法之後，就從五戒十善起修，你就會開始從地獄煎熬的眾生、餓鬼的眾生、修羅的眾生、畜生的眾生，昇華成人，自己把自己度了。當福慧雙修、福慧雙全以後，繼續不斷修五戒十善，一點一點就會上昇到天人的狀態。而天人是什麼狀態呢？即是輕安、歡喜，不造惡業、不受惡果，有災難也降不到天人身上。只有人間才是時而風和日麗、晴空萬里，時而狂風暴雨、天災人禍，喜憂參半這是人間。為什麼人間是這樣？因為我們既造惡業，又造善業，所以才導致我們生活的空間，既有災害又有祥和，這就是人間，是苦樂參半、喜憂參半。

我們修天人，不斷的修五戒十善，我們生活的地區就會風調雨順，天災人禍不起。如果這一個地區的人都在修五戒十善，守住身口意，那這個地區將會風調雨順、百害不生。如果有一個大德在一個地區教化眾生，能維持千年甚至萬年，這一地區基本上災難災害都不會發生，天災人禍都不會在這個地區發生，這個地區的人心都很祥和，這就是所謂的天界。比如，六祖惠能的出生地廣東新興縣，也是他的傳法地，現在六祖的故居也在那裏，他在新興的教化，距離現在已經一千三百多年了，但是整個新興這個地方一千多年來，當地的百姓，世世代代都維持、維護著六祖惠能的這套教法，也都按照這套教法去做。因此，可

以查一查歷史這一千多年，新興這個地方一直都是風調雨順，既沒有天災，又少有人禍，的確是不一樣的。

因此，我們要想努力的修至佛道，不是一步登天，一舉成佛；我們要先從地獄的眾生，把自己解脫出來，修福修慧先當人，當人也是要當福慧雙全的人，即有福報有智慧的人；然後修五戒十善，向天人的境界去修；五戒十善修好以後，我們再向更上，就超越了六凡境界、即六道輪迴的境界，向聲聞界去修。聲聞界是破苦，修四聖諦，苦集滅道，就要修觀上的功夫了，觀苦、觀集、觀滅、觀道，觀苦集滅道即謂修四聖諦，從而超越天人，得聲聞道，入初聖。

再後面我們就要修聲聞道往上的，即是修緣覺道、修緣覺境。聲聞道是修觀破苦，而緣覺道要修的是破無明。破無明超越的就是無常與生死觀，把無常與生死觀，透過對治無明修成了，就修到了緣覺道的境界，那時就輕安、歡喜、內心不起波瀾了。為什麼破了無明以後內心不起波瀾，少煩少惱呢？因為無明的根即是三毒貪嗔癡。如何能夠破無明，達到緣覺道？要修什麼才能破掉三毒的無明？就得修戒定慧。此處的戒與五戒十善的戒，理解的含義又不一樣，此處趨向於無相戒，定則是無相定，慧也是無相

慧。前面的五戒十善都是世間戒、世間善，到此修戒定慧，即是出世間戒、出世間的善、出世間的定、出世間的慧，以戒定慧破貪嗔癡三毒，達到破無明，了知萬物之本質，修的即謂緣覺道。但記住都是活著的時候，在世的時候，修到這個狀態，內心一片祥和，煩惱不生，這即是緣覺。

破了苦，破了無明，後面就進入了菩薩道，那就是得大自在、利益眾生。菩薩道如何修？怎麼從緣覺道昇華到菩薩道？首先要起慈悲心、救度心。聲聞以及緣覺，包括天人，都是自修、向內修，當已經破了貪嗔癡、破了無明、破了苦集滅道之後，達到菩薩道時，就得開始修利他，即所謂慈悲。要修慈悲，謂之「無緣大慈，同體大悲」，要修的即是這個，要向外去修了。其實哪有所謂的外？根本沒有外。但是要想走上菩薩道，首先要發慈悲心、救度心，要從利己修己，昇華到利人度人，這才稱為菩薩道。

發了心，然後如何修？從哪裏開始修？亦是修六度萬行。那個時候再修布施、持戒、忍辱、精進、禪定、慧，這六度萬行的狀態，即布施是無相布施，持戒是無相持戒，忍辱也是無相忍辱，精進是不著相的精進，禪定是不著相的禪定，慧也是不著相的慧，即所謂修而不修，無時無刻不在修。利他的時候就已經在修，發慈悲心的時候就已經

在修，這即是菩薩行的大自在，亦即是菩薩心。

如此一級一級的從餓鬼、地獄、畜生以及修羅四惡趣中，先把自己解脫出來，變成修福修慧，變成人，這個階段是不可跨越的。從人再修成天人，修五戒十善，有相的五戒十善，好好的修也不可以跨越。成為天人之後，脫離六凡道、即六道，上升到聲聞界，再到緣覺界，然後到菩薩界，這也是一界一界不可跨越的。

此時有人問：「老師，有沒有直接跨越的？」

是有的，六祖惠能就是從凡人一步跨越到了菩薩界。但也不能說他是佛，佛是無形無相，就不存在了。佛也不存在度化眾生，只有菩薩度化眾生，到達佛的狀態，根本不存在什麼概念叫做度化，也根本就不度化，即沒有什麼度化。佛在涅槃的狀態中，在常樂我淨的狀態中，一切皆是佛，佛不存在度化，只有菩薩才是度化。所以六祖惠能是菩薩道，在此度化完了以後，我們看著人家好像是往生、離開了，其實又到十方世界度化眾生去了，他從來就沒有離開過，經常還會乘願再來。

第四節

念念無滯清淨心妄雜間
五慧三行聞思修生般若

綜上所述，修慧是最重要的。所講的這些都是佛法中最基本的概念，六度、六波羅蜜如何起修，這些都不是新知識，都是佛法裏的基本概念。在此講授般若如何起修，最上層的摩訶般若波羅蜜得從最下層修起，一步一步的按照次第、層次修，如此在現實中起修時才能抓得住把柄，才知道應該怎麼修，一步一步的來，不要猛然間直接就來最高的、出世間的法。我們做不到，我們現在還是地獄眾生，看著佛光輝偉大，然後自己覺得如何能成佛呢？放下分別就成佛了。

然而，那只是理，如何做到放下呢？現在連人都不是，還在惡道當中煎熬，連普通的人、福慧雙全的人還都不是，何談修佛？天人是何境界都感受不到，何謂聲聞界，何謂緣覺界，何謂菩薩界，都沒有概念，如何直接成佛？六祖惠能為何能成佛？他早已經過這些界，早就已經是菩薩道，只是在這一生時一點化，轉迷豁然就成悟，轉識立刻就成智了，那都是有積生累劫的修為在，其實早就修到了，即

所謂乘願再來。

　　你為何不行？因為你就是實實在在的地獄眾生，當然修不成。因此，還是得一步一步來。剛才講了慧度三行，其實層面、層次都在這裏，要不斷的修。歸結起來，慧度三行不還都是聞、思、修嗎？聞即是身空無分別慧，即聞慧；法空無分別慧，即思慧；俱空無分別慧，即修慧。都不離聞思修，然後慧又有三個層面，即是如何能夠得慧，怎麼做到身空、法空、俱空？現實中我們應該怎麼做呢？

　　現實中要想修慧，又必須得經過三個層次，一是文字般若，二是觀照般若，三是實相般若，這三個層面。何為文字般若？一切經典及陀羅尼，稱為文字般若。意思即是指，在經典當中產生真實意義、揭示真實意義，陀羅尼即是咒，在持咒當中產生真實意義，般若即所謂在文字中產生智慧、修得智慧，因此稱為文字般若。文字般若也稱緣因，觀照般若則稱了因，實相般若稱為正因，緣因、了因、正因即謂三因。

　　一切的智慧從文字中來，我們怎麼修才能修成身空無分別慧呢？如何知道萬事萬物都是由五蘊和合而成的呢？不都是從經典中來的嗎？從經典中我們不斷的學習，即是從經典的文字當中解其深意、真實的意義，我們拋下經典

表面的字意，解其深層的真意，這個時候我們就產生智慧。文字當中自帶智慧，我解出了文字中的真實意義，是怎麼解出來的？我用什麼解出來的？是觀照出來的，我不是從字面上分析考據，根據註釋理解字面的意思，絕不是。字面上理解文字，稱為妄心，妄心起動用的是意識，意識是妄心，怎麼可能有真相，怎麼可能知道真意？看到的都是表面，妄心即是分別、判斷、推理，即是邏輯。而當你放下妄心，放下意識，心清淨下來的時候，感悟到文字的智慧，即是文字般若，那個時候你感悟到的般若智慧，就是文字後面的真實意義，而這就是所謂的觀照。

　　觀照的智慧起自於哪裏？即是由文字而生起的清淨心，不是從你的意識心生起的，意識心生起的不是智慧，而是知識，那是妄心生起的。所以，看經典的時候，誦陀羅尼、誦咒的時候，如何能夠達到由文字般若進入觀照般若的境界，就是要放下意識、放下妄心，不要去分別字面上的意義，而是用觀照。觀即是觀心不妄，意念不動；照即是來了則應，去過不留，我是鏡子。把心當成鏡子，念起則應，去過不留。妄即是雜，有妄有雜，清淨之心即在妄雜之間，念念無滯，不要執著。不執著於對錯，念念無滯的狀態下，清淨心自然發起，其實清淨心就源自於妄心和雜心，只要不去有意的滯留它、執著它，起了就應，去

過就不留，這種狀態下我的心就像鏡子一樣，當我去照經典的時候，就能照出經典的真實意義，修的就是觀照法。

觀照法起的智慧是流出來的，不是分析判斷出來的。所以，讀經應該怎麼讀，如何從經典中獲得大智慧？這是大學問。讀經典本身就是修，修的是文字般若，修的是觀照般若，最後達到實相般若，從經典當中得到了智慧，從現實中不斷的起修，然後發現是這麼回事，就證到了，這即是所謂實相般若。所以智慧三個層面都一定要從經典中來。

另外，還能從哪裏來？即從持咒中來，例如念「阿彌陀佛」、念八十四句大悲咒，即所謂文字般若。發出的佛音「阿彌陀佛」四個字就是文字般若。我以清淨心持咒，以清淨心念佛，此即用心，口念心行，念佛三昧，在心裏念。在心裏怎麼念？即是以清淨心念，一念即相應。同樣，大悲咒以清淨心念，一念即相應。

這就是從文字般若起修，然後過渡到觀照般若，觀照般若時智慧就已經流出來了。不是分別判斷而來，不是從推理中來，而是從觀照中來的，修佛修的是觀、修的是照。由觀而生定和慧，定和慧是一起生的，有定即有慧，有慧即有定，這就是修行的方法。歷史上的大德，沒有不是從

經典中來的，佛祖留下來的三藏十二部「經律論」，都是經典所在。就像我們讀《六祖壇經》時，不要帶著妄心，不要帶著意識，放下妄心與意識，一念清淨，就會從《六祖壇經》的文字中獲得大智慧。所以聖人講經典，一句話講三天三夜，為什麼？因為是流出來的，不是字面分析出來的，字面分析一句話，再怎麼分析也分析不出那麼多內容。這就稱作解經義。

解經從文字上解，稱為解悟；從文字上又生出智慧、流出智慧，這就稱為行悟；在現實當中再不斷的做，精進的修，之後就會得到證悟。文字般若是聞，觀照般若是思，思維啟動了，而且是啟動了般若思維，是由清淨心生出的一種思維，這種智慧即謂思；實相般若就已經達到了慧，即所謂聞思修，由修而生慧。修佛法不外乎就是戒定慧治三毒，聞思修生般若，而這就是我們的起修處、現實中的起修處。以戒定慧治住內心的三毒，才能生起般若大智慧。然而如何生起般若大智慧？即是透過聞思修生般若大智慧。不治住三毒生起的必是邪慧，不是正慧，不是般若。所以，任何起修處一定是從戒定慧開始，這就是修六度萬行的修行次第。

慧，還有兩個層面，一為世間慧，一為出世間慧。我

們不能僅僅講出世間的慧，而放棄或者排斥世間慧。世間慧其實又分為五明，五明對治無明，無明即是愚，五明即是對治愚的，五明對治五愚。世間慧分五慧即五明，第一是聲明，第二是因明，第三是醫方明，第四是工巧明，第五是內明。

何謂聲明？熟練的掌握各種語言，即溝通方式，這稱為聲明，屬於世間慧。不論講經說法還是度人，必須得透過語言，所以世間第一慧就是聲明，即學會溝通，練習如何溝通，講經說法怎麼能講明白，如何用你的語言、聲音去度化，這就是世間第一慧。

第二慧，因明又是什麼意思？即思辨，就是邏輯性、分析力、推斷力、判斷力、決策力，這些都是因明。所以，當在世間看到事物、解決問題的時候，頭頭是道、有條有理令人信服，這即是所謂因明。

何謂醫方明？醫方明是指，世間的一切疾病痛苦，都知道是什麼根源，然後都能對治。此即救苦的智慧，這是必須掌握的，生而為人，不僅對父母、對孩子要如此，世間的醫方明須得掌握此道，這都是智慧，都是要有的。

工巧明就是指世間的科技、發明創造，得知道科學知識，不能是一味的科學的文盲、技能技巧的文盲，什麼都

不掌握，每天只知道講經說法，只知經典、只會念咒，那是不行的，這掌握的是所謂出世間的慧；而世間的慧如果都不掌握，你覺得直接掌握出世間的慧，是不是就已經超越了？怎麼可能？釋迦摩尼佛祖不也都是掌握世間一切法以後，才去尋求出世間的慧嗎？尋求般若大智慧，怎麼出離世間？現在什麼都沒掌握，就想出世間，這還是想一步登天。

最後一明稱為內明，何謂內明？內明是指佛法的三藏十二部都精通，整套佛法稱為內學，所有佛法之外的稱為外道，所以真正掌握佛法的精髓，即代表知道宇宙運行的規律，以及萬事萬物存在的真相。此後就活得清清楚楚、明明白白，這即是內明。

世間五明我們要掌握，然後才是出世間慧的三行，也包括逐步達到出世間慧度三行的三個層次，即文字般若、觀照般若、實相般若。那都是建立在世間慧的基礎上，絕不可能什麼都不懂，生活能力都沒有，生活無法自理，都得靠別人供養、照顧，世間的技能都不掌握，只是坐著講經說法，就已經是實相般若，就已經是佛了，那是不可能的。世間慧是出世間慧的基礎和前提，世間慧相對圓滿，出世間慧才真正有階梯能夠上得去。

出世間的慧好比是天上的太陽、月亮，你要想登上月亮，是不是得有天梯？而天梯是什麼？就是世間的慧，世間五明缺一不可。如果語言溝通的技巧和能力都沒有，出口即傷人，或者講一句話別人都聽不懂，甚至天天不說話，就認為是在修出世間的慧，這如何能修？打坐、禁語，不出聲、不說話，那就是邪慧，即是邪修，入了邪道，世間的邏輯性都沒有，世間的分析能力、判斷能力、決策能力什麼都沒有，談何修出世間的慧？那不就是騙人嗎？誰會信？又何談度人？

　　沒有醫方明，世間有疾苦，世間的人有苦難，想救都救不了。甚至自己生病，都不知道為什麼，別人生病了、有痛苦，也都不知道為什麼，誰會信你？有沒有生存的技能？真正的修行人，在世間可以不去做其他的工作，但是有一點，真正的修行人必是良醫，而這一項工作就可以讓他養家糊口、生活無憂，甚至擁有高品質的生活。還需要做其他的工作嗎？去做投資、建工廠累不累，修行人不一定願意做這些工作。

　　但是世間人修了出世間的法，我們也不離世間覺，在世間要想工作，要有事做，一般只有兩個職業。要嘛是帝師，當老師做教育，就是用聲明和因明，可以做教育；而

且老師這個職業，高尚、積功累德，為別人傳道授業解惑，其實就是救苦救難，推廣佛法、推廣這套文明體系。要嘛就做良醫，就是治療世間的疾苦，解除別人的煩惱，那就得有醫方明。

工巧明，是科技、發明創造，也可以。真正進行發明創造的，不是大菩薩嗎？但是如果不能對治心性，那就成魔了。發明創造本身、科技本身沒有問題，是中性的；發明原子核分裂本身沒有問題，也是中性的，關鍵是看用在哪裏。如果用在比如發電，這種造福人類之事上，那就是大菩薩，改造世界，方便人類；但是如果克制不了貪嗔癡，用於戰爭、用於消滅敵對方，那就是魔。所以工巧明也是屬於世間的智慧之一。

後面非常重要的是內明。不管是做什麼的，一定得把佛的三藏十二部經律論，通達明瞭。真正的內明是什麼？是前四明的基礎。內明不明，前四明不可能通達，亦即不可能明。即使明了，用的方向也不一定對，想修佛、修菩薩，想救度眾生，結果反而變成了魔。例如愛因斯坦，以及先前提及的賈伯斯，他要用他的電子產品改造世界，結果把世界變成什麼樣了？人人沉迷於他的電子產品，把內心中的貪嗔癡無限放大，因此他就成了魔。雖然他的工巧

明特別的明，他起了世間慧，但是由於沒有內明做基礎，所以就成了魔。愛因斯坦的核分裂等，各種科學研究都被變成了武器，成了屠殺人的武器，所以他就成了魔，成了魔的幫兇。這就是沒有內明的情況下，前四明都有可能是惡。

有了聲明，語言表達能力非常強，演講能力特別強，很可能變成忽悠大家，煽動民眾造反，進行所謂的革命，而後造成殺人無數、流血犧牲，那就成魔了。希特勒用他的口才，即是聲明，發動了二戰，死了幾千萬人，不就是成魔了。所以，前四明如果沒有內明做基礎、做前提，所謂世間的智慧、前四明都有可能反方向變成魔。

所以，世間五明、五慧當中最重要的是內明、內慧。在內明、內慧的基礎上，我們不排斥聲明、因明、醫方明、工巧明，但要清楚這都是世間五慧。而在世間五慧的基礎上，我們再修出世間的慧，就是從文字般若，到觀照般若，再到實相般若，達到所謂慧度三行，即身空無分別慧、法空無分別慧、俱空無分別慧。然後就由凡入聖，從人修到菩薩，而這一步步的境界所有的修都是在慧上起修，因此稱之為慧度三行。

第十九章

十度加行之方便波羅蜜

善巧方便引眾生歸佛道

第一節

明師指引進趣果向入正道
以欲勾牽令入佛智離煩惱

「摩訶般若波羅蜜,最尊最上最第一」這句話,我們前面講了六度,布施、持戒、忍辱、精進、禪定、慧,這六度是凡夫修行到菩薩必須要修行的,是菩薩道。那麼後面還有四度,即方便度、力度、願度、智度,是由菩薩修成佛的階梯和層次,即菩薩修成佛所要修行的四度,四波羅蜜、四種智慧。這四度加上前面六度就是十度,即所謂十度加行,也稱為十度萬行。在世間修行、修佛法,我們必須認真的、一門深入的用這十度的方法修下去,如此才能得到十種智慧、十種波羅蜜。十波羅蜜俱全,才有可能得到圓滿的般若大智慧,能得到般若大智慧才能到達彼岸。

有人問:「老師,把十種智慧、十度都修好了,直接就能成佛了嗎?」

其實所謂的修好,還是有階梯的。從凡夫到佛,佛法一共有五十二個階梯,或稱為五十二個階位,也就是五十二個階段,每一個階段必須都得修到。就像登山一樣,一座高山高聳入雲,我們在山腳下想往山頂攀登,那麼我

們自身必須得具備良好的體力，然後要準備充足的、必備的登山器具和飲食，還要找對道路不能迷失在山裏，找到並走上一條正確的道路後，道路是有階梯的，我們要按照正確的道路一步一步的走向山頂。

這不僅僅是修行佛法階段的比喻，任何修行都是這個比喻，自身要強大，裝備要齊全，也就是有內因、有外因。裝備齊全才能抵禦外界的風吹日曬、雷電雨雪等等，能抵禦外界一切因素的侵襲，阻礙不了我，這是外因；而自身強大，身體強壯，這是內因；然後我要找到一條正確的、上山的路，即必須得有明師，也就是所謂過來人。

已經在山頂，或者是從山頂下來的人，即稱為過來人，亦即明師為你指一條正確的路。為什麼必須有明師指路呢？因為你要上山，準備得已經很充分了，物資裝備也已經很充足，但是上山的路千萬條，你不知道眼前無數條路中走哪一條，而這無數條路中只有一條是正確的路，你只要抬腳起步邁向了一條邪路，也就是沒走上那條正確的路，千萬條邪路的任一條最後都會把你帶向深淵。必須找到那條正確的路，然後不斷努力、堅韌不拔的往上走，而明師的意義就是把你領上這條正確的路，師父不會帶著你繼續往前走，而是會告訴你按照這條路走，不管前面碰到多大

的艱難、多大的險阻、或者荊棘陷阱，無論如何你都要往前走，只有這條路是正確的路。你在這樣的明師引領下，即是有燈塔，如此堅定信心往前走，你就會經過五十二個台階。也就是從凡夫到佛，要經歷五十二階位。

以後我們有機會，會將五十二階位都給大家講一講，而現在我們所講的是六度、六波羅蜜，即是六種智慧，十波羅蜜即是十種智慧。這修的是我們自身要強，自身無缺、無漏，強大圓滿。那麼走上這條修行之路，才有最基本的保證，這屬於內因。

之後可能還會修護法、修大悲咒、修佛號，這些就都是我們的外因。即能夠在佛菩薩、神靈的護佑下，能夠披荊斬棘，能夠跨越苦海，這即是外因，也就是我們的裝備，護法即是我們的甲冑，抵禦外面的侵擾。其實本沒有外，所謂外面一切的煩惱、一切的障礙、一切的恐懼，都是我內心呈現的東西。但是即使我知道是內心呈現的，我現在還做不到立刻徹底清淨，還做不到往生以來的惡業不現前，這很難。所以我們修外因，所謂的修佛菩薩、修護法、修大悲咒，這些保護我，在我的苦海中前行的時候，能夠不被惡業的驚風駭浪所吞噬，此即所謂外因。

我在明師的指引下，走上這條正確的路，如此修行基

本上就有把握了。否則修行處處是陷阱，處處即荊棘，處處即障礙，如果沒有明師引路給你信心，根本就走不下去，碰到一個障礙，就會質疑到底這條路對不對，就會經常反反覆覆的變換道路，東學一下西學一下，根本不知道應該學什麼，不知道哪個是對哪個不對，這樣迷迷茫茫，終其一生也不得其門而入。所以，修佛修道就像登山，這僅僅是一個比喻。

再來講述十度中的第七度，即方便波羅蜜。方便如何解？怎麼理解，從哪幾個角度理解方便？其實要從三個方面理解，第一個方面是，方便有三行；第二個方面，方便有四攝；第三個方面，方便有四因緣。

首先，方便有三行。佛祖早已為我們開示在現實中如何起修，即十度的每一度皆有三行。意思就是，要想修每一度波羅蜜、每一種大智慧，在執行、在修的過程中，應該注意三個方向，亦即是如何起修，即稱為三行，此謂十度三行。

布施有三行，持戒有三行，忍辱有三行，精進有三行，禪定有三行，慧度有三行，那麼現在講方便度亦有三行。方便度的三行，第一行，稱為進趣果向方便；第二行，稱為巧會有無方便；第三行，稱為不捨不取方便，這即是所

謂方便有三行。

佛法裏的用詞，其實有很多專用名詞，一般的大眾對佛法的專業名詞，如果不是經常深入的研究，基本上都看不懂，從字面上一眼看去基本都不清楚。然而，佛法經典裏的專有名詞，我們都要深入的掌握，知道理才能知道每個字是什麼意思，然後就知道怎麼做了。

進趣果向，進就是前進，趣是興趣，即前進是興趣。我要前行，要往哪個方向前行，是我的大願、我的興趣，去我想去的地方。果就是結果、目標，向就是方向。所謂進趣果向方便，就是要行方便法門，要行方便波羅蜜，首先要目標明確，得知道目標是什麼，先明確想往哪兒走，然後度化者，也就是菩薩或者佛，就帶領我往那個方向走，他們只是導遊，這就是進趣果向方便的意思。

佛菩薩問：「你想不想成佛？你要想成佛，我帶著你走上成佛這條路。你想成什麼？你想成壽者，要健康長壽，要平安幸福，我就帶著你往這個方向走。」

這裏專指行方便法門。行方便波羅蜜即是為了度人，把人度向哪個方向呢？要把人度向佛果，這個果向就是佛果，要成佛、要身心俱圓滿。何為方便？就是隨機靈活，方便即是什麼都可以做。雖然都可以做，但是目標非常明

確，我不管怎麼隨順眾生，無論如何使用善巧，不管使用任何的方法、手段，我的目標非常明確，這就是所謂進趣果向。目標非常明確，所做的一切都是為了把你引導向正確的方向。這就是修方便波羅蜜，最關鍵最重要的一個導向、一個前提。沒有這個前提就沒有意義，沒有這個前提就將人導向邪路。

你運用方便，運用各種方法手段，甚至運用的可能是凡夫禪、外道禪，可能運用的就是這些邪路、邪門、神通的東西，為別人引導。然而，不管運用什麼，皆為方便。但首先要保證的是，不管用什麼，你的目標、你的方向一定要明確，就是要將人導向正路。何謂正路？成佛之路即是正路，即所謂菩提路，要導向這條路才可以。因此，方便度的三行裏，第一行是最重要的。

然後再講什麼是方便？方即是方法，便即是便利、便宜，我們又稱善巧方便，方便前面一定要加一個善、加一個巧。有善巧方便，也就有不善不巧方便。善是何意？就是良善的目的，好的目的、動機，謂之善。巧又是何意？各種巧妙的、隨機的應變，以及隨順眾生、靈活機變，此即謂巧。先是要善，然後才是巧，巧分多種，必須是以善行善果為目的。善即為你導向的是一個好的目標，為你導

向的是佛果，我現在用的所有的巧、所有的方便，就是為了使你便利、使你喜悅、讓你法喜充滿、成你之美、讚揚你、鼓勵你，這些都是巧、都是方法。用這些方法和巧妙的手段，是為了將你導向修佛的正路，這是最根本的。在這個前提下，為了將眾生導向菩提路，將眾生導向佛果、成佛的果報，我們用什麼方法都可以，所以稱之為方便度。

我們不能太執著於佛法僅是一條正路，只有按這條路走才是對的，不能走別的路，別的路碰都不能碰，碰了就走了邪路，就不對了。如果你是這樣，根本就度化不了幾個人，不會巧、不會方便，大家是不會跟你走的。沒有幾個人一開始就想要成佛，就發大願捨棄世間的一切，捨棄榮華富貴、世間的福報，就要成佛作祖；世間絕大多數的人，都得先求世間的福報與功德，先求世間的小圓滿，先求自我的生存與繁衍、自我的發展與順遂、自我的平安和幸福，先求自我世間一切的富饒、富貴，這些才是絕大多數人當下想要的。沒有幾個人直接發了成佛之大願，因為還不知道佛是什麼，佛的狀態是什麼，那如何能發大願呢？所以，如果一味摒棄對世間所謂小我的五福之追求與嚮往，就沒有幾個人能夠進入佛法的修行當中了。

所以，要度人就必須得有方便，方便即是隨順眾生。

《華嚴經》有云，度人必是「先以欲勾牽，後令入佛智」。這是經書上所講的度人方法，知道欲不究竟，我們要從五欲當中脫離、解脫出來，這是究竟、這是根本；不解脫出來就昇華不了，越陷越深，但是眾生就是被五欲六塵所沾染，就是迷在其中。如果一開始就告訴他，別迷在裏面了，這裏面不究竟，現在好像給你帶來愉悅，之後是無盡的煩惱，天天這麼迷著，身體也弄壞了，心智也都不行了，種的又是惡果惡報，以後就會入四惡道，墮入修羅、餓鬼、地獄、畜牲。如果這樣說，沒有幾個人會聽你的，沒有幾個人願意聽所謂高大上的佛法，教人天天心如何清淨，天天讓自己不吃不喝，看見美女別動心，看見帥哥別起念，如此根本無法度化眾生。那就不是佛菩薩的大智了，就等於太偏執於所謂的佛法，偏執於修行菩提了，這樣其實也是大分別，一味覺得欲是不好，不能深陷其中；覺得清淨就是好，必須得放下分別。

有人糊塗了，說：「老師，您講的不就是這樣嗎？《六祖壇經》講了這麼多篇章，不就是在講讓我們放下分別嗎？」

放下分別，那是果，那是目標。要實現這個目標，得一步一步的走，並不是目標提出來後，僅一步就達到終點。

要走向終點是一步一步走過來的，萬里之行始於足下。十度、十波羅蜜，還有五十二階位，都是要一步一步的走，是必須得經歷的。所以，我們現在為什麼講十度、十波羅蜜、十種度化的方法，度化先度己，然後再度眾生。這些都不掌握，直接講放下分別、得清淨心、止觀雙修，雖然理上講能達到目標，但這只是理。在理上明了，還得在事上修，所以前面第一品基本上已經把理講明白了，真正的佛法沒有那麼高深，就這麼簡單，放下執著與妄想，就達到成佛作祖了。

但問題是，如何做到放下執著與妄想？根本都不知道何為執著，何為妄想？我如何來的執著，然後怎麼放下，那得是一步一步的對治。我執著於什麼，我再一點一點放下什麼；我執著於貪婪的時候，就一點一點放下貪婪，而貪婪就以布施來對治；我執著於放縱，就用持戒來對治；我執著於憤怒，也就是我的情緒，不願意控制我的情緒，不想控制我的情緒，要恨我就恨，要憤怒我就憤怒，要高興我就哈哈大笑，這多自由自在，但這經常使自己處於一種失控的非理性狀態，這樣不可以，掌握不好度，就不斷的造惡業，那我就要修忍辱。都是一一對治的。

我們所謂的十度加行、十波羅蜜，就是對治我們內心

當中的執著與妄想。方便波羅蜜對治的是什麼？對治絕對觀。方便波羅蜜對應的就是，把空看成真空，把果看成絕對的果。我們有空觀，但是不能執著絕對的空；我們尋求真，但是也得知道俗，真是真、俗是假，不能為了追求絕對的真，就完全放棄俗的假，那樣也得不到真，認為真就是對、俗就是錯，破的其實就是這個。

有人問：「老師，不是讓我們放下這些東西嗎？到底哪個是對，哪個是錯啊？」

所謂的禪，其整體僅在理上永遠都不可能明。理上明，都是一個點上好像明了，換一個點正好是矛盾的，你就不明了，甚至是衝突的、矛盾的。而且哪一個說的都對，都對又都不對。為什麼？這就是我們用意識去分別判斷的時候，都是碎片，得出來的任何結論也一定都是碎片，既然是碎片一定不具備整體性，這就是三維空間、低維度空間的特性。我們的語言無法表達，受限於我們現在的思維模式，我們現在本身就是二元，二元即陰陽，分陰陽即有對錯，非對即錯，非錯即對，所以用語言再怎麼表達都無法表達出整體性。

只能悟，也就是放下你的分別和判斷後，內心一旦清淨了，那種整體性就自然現前。整體性一旦現前，就知道

其實真即假、假亦真，真中有假、假中有真，真離不開假、假離不開真，以真襯假、以假襯真，就是一個手心一個手背，所謂真俗二諦，諦即真理。我們要清楚，真俗二諦到底有還是沒有？到底應該取還是應該捨？真是什麼真，俗是什麼俗？何謂真中有假，何謂假中有真？以假襯真、以真襯假，真離不開假、假離不開真，都是什麼意思？我們怎麼用？

在此處我們所說的就是，絕對的真理真諦和方便的法門手段之間，絕對的真理即是真空。真空當中妙有，妙有即是方便，真空與妙有是什麼關係？到底有還是沒有？真空謂之巧，真為巧，俗為會，所以稱為巧會有無。方便度第二行要掌握的就是巧會有無方便，這個理必須得明白、明確。要修真，在什麼狀態下修？用什麼方法修？那些手段，比如神通、治病的方法、為眾生解除痛苦的方法和手段，到底要不要有，要不要學，要不要運用呢？如果學的這些是不究竟的，是俗諦，是假的，是不是應該放下分別，放下判斷，放下比較？是不是應該把這些方法手段都放下？哪有什麼神通，為什麼要搞神通呢？

其實，神通不是為了表演，而是為了度化眾生、利益眾生、拔眾生之苦，所以修神通、修治病，即是所謂世

間的智慧「醫方明」。我們要不要學世間治病的方法？要不要學世間的神通呢？這些是俗諦，其實並不究竟，為什麼還要學呢？我們是不是應該放下這些，天天直接不取不捨，亦不染著？但學了這些是不是就染著了，就執著於這些了？不是講「心量大事，不行小道」嗎，這些是否都是小道？那為什麼要學小道呢？

因此，佛祖在這裏告訴我們這個理，心量與小道，心即是真，尋一切真即向心中去尋，得放下那些假，才能尋到真；但是現在佛又告訴我們方便波羅蜜，又不能放下那些，知道是假也不能放下。為什麼？因為想尋真空要從哪裏尋？必是從萬有當中才能尋到真空，如果萬有全都沒了，也就沒有真空了。就好像我們要想求手心，必須得配合著同時觀察到手背，才能看到手心，如果不去觀察手背，就永遠見不到手心。想要手心就離不開手背，離開手背就沒有手心了，就是這個理。佛說的真諦與俗諦，巧與會，就是這個意思。

以前滔滔不絕的講：「放下，別執著！我們不求神通，不求那些善巧，不求那些方法手段，那都是小道。」

結果剛要放下，佛在這裏又講了十度，而十度中第七度已經是聖諦即菩薩道以上，就得先修方便。可是所謂

方便不就是凡外權小嗎？不就是小道嗎？不就是我們要摒棄的嗎？不就是我們就要破除執著的嗎？為何我們要放下的，現在又拿起來讓我們修呢？而方便也是波羅蜜，如果修不好，永遠得不到空，得不到真。空和真從何而來？心量大事從何而來？心量大事就是從小道上襯托出來的，要清楚，不取不捨並不是代表放棄不做，而是不執著。不執著不等於沒有，必須得有，而且得精進的有。

　　所以，僅是修方便法、修方便度、修方便波羅蜜，一個方便之中就帶十加行，就帶著十度都有，方便度裏就有布施，必須得有布施之心，才能行方便之道。為什麼行方便？不是為了展示、表演，也不是為了賺錢，而是為了把眾生導向佛道，才實行方便，所以這就是方便度的第一行，所謂進趣果向方便。

　　目標明確謂之善，巧即技能純熟、巧妙。得有布施之心，不是為了自己，精進的學方便法門，不是為了自己賺更多的錢，得到大眾歡呼雀躍的擁護；得大眾信服也不是為了自己，而是因為大眾信了，又能隨順他們，給他們帶來便利，眾生皆是貪圖利益，都是為利而來、為利而往，為名而來、為名而往，來來往往都不外乎為了名和利兩個字。芸芸眾生天天起早貪黑，天天忙在名中、忙在利中，

在名聞利養之中鑽營。所以，要將他們導向佛道，首先必須以欲來勾牽，我們不能說欲就是不好，當然欲不究竟，最終的結果是讓眾生離三欲、破三毒，最後達到戒定慧，達到佛的果報，這是終極的目標。然而，要想把眾生接引到佛道上來，接引到這條正道上來，還不能離開欲，還得首先滿足眾生對欲的需求。

　　比如有的人愛財，那就隨順他、教他方法，讓他去賺錢，他用之好用，也得到錢了，歡欣雀躍，同時也就信服你，也願意跟著你走了。當他願意跟你走的時候，逐漸的告訴他，賺到這些錢，現在是樂了，但是隨之而來的就是煩惱，沒錢的時候以沒錢為煩惱，錢多了以後以財多了為煩惱，沒財或有財，都是煩惱，只是煩惱不同而已，其實一時也沒離開過煩惱。然後，如此一點一點的接引眾生、勸導眾生，讓他們能看到本質，看到欲望實現以後，背後煩惱的根源，最後他就會把重心就放在煩惱上面。而修佛是在修什麼？就是斷煩惱。離苦得樂，苦即是煩惱，離煩惱而得菩提，菩提必在煩惱中得，煩惱即菩提。何謂煩惱？追求欲的過程和實現欲的過程中，都帶著煩惱。沒實現有煩惱，實現了更煩惱。我們讓眾生看到本質，然後把目標盯向煩惱本身，即怎麼才能沒有煩惱？如此就一點一點的引向了佛道。

所以，財富本身不一定會為你帶來安樂，但是我們並不去排斥財富。然而，如何才能得到安樂，這和有錢沒錢、財大財小沒有關係。而是如果太執著於財，而且必須得有大財才安心，這就是煩惱的根源。財沒有錯，財是中性的，得修到這樣的程度，即是財源廣進、滾滾而來，想要多少財就有多少，但是煩惱卻沒有了。如何做到這一點？必須得從對財的執迷、執著當中脫離出來，從財中脫離出來，這不代表不要財、沒有財，完全是兩個概念。而是要於境離境，財這個境還在，該爭取還是要爭取，該賺錢還是要賺錢。但是跟以前不一樣了，修佛以後，我天天拼命加班做專案賺錢，積極進取的賺錢，我的財越來越大，但是我的心卻越來越安，我既不勞累，也不覺疲憊，更沒有煩惱。財來了我也不以此為喜，財走了、財去了、財失了，我也不以此為憂。這就是我們修行佛法的一條正路。

　　欲望，男女的愛欲也是一樣，不是修行以後我們就離開了愛欲，就不要家庭，不要幸福，不要情感；而是越修佛法，對情感越迫切，越能得到幸福，跟老婆的感情就越好，但是我在其中沒有煩惱，沒有痛苦。以前沒修佛法時，沒得到愛情、情感，我是煩惱的；得到以後又怕失去，我其實更煩惱。想維持幸福，想要白頭偕老，太難了！一路走來能相伴一生，太難了！一點小事、小誤解，就可能給

我帶來無盡的煩惱。所以，沒學佛法的時候，對幸福、對情感的狀態是，沒有的時候煩惱，有了以後更煩惱，這即是有漏。

　　癡迷於欲望，執著於欲望，又沒有無漏的智慧，那欲望本身就會帶來脫不開的、無盡的煩惱。學佛的意義就在於此，學佛以後看透了本質，知道煩惱的根源是什麼。當我沒有姻緣、沒有幸福到來的時候，我的心也能如如不動，我是安的，知道自己的因緣未到，會靜候佳音而不煩惱；當姻緣到了、幸福來了，越來越幸福，我的心也在老婆或老公身上，也在孩子身上，但我依然沒有煩惱。這是學佛的意義所在，而一定不是相互排斥的。

第二節

巧會有無空有捨得同在
心能轉境念念十度共修

學佛以後我們更加圓滿世間法，其實我們的欲望，也就是現實中的福德，在學佛以後就會福慧雙全，事業會越來越順利，財富會越來越廣大，從政的官職會越來越高，福祿壽俱全，還享有安樂。學佛與世間的所謂願望、世間的圓滿可是不衝突的，而是越學佛世間越圓滿，一定是如此。

有人說：「老師，我都學二十年佛了，越學越慘，越學佛在現實中磨難越多，越學越悲哀。身體越學越不好，感情越學越衝突，後面不得不離婚，而且越學人際關係越惡劣，諸事越是不順。」

明確的告訴你，你學的是有問題的，甚至可以說你學錯了。佛不會讓我們越學越貧窮，學佛也一定不是讓我們越學越遠離人群，越學越孤家寡人，越學越孤寂、無法融入社會，越學越無法工作、無法在家庭中正常生活，越學越沒有人性、沒有人情，絕對不是這樣的。

真正學佛應該越學越圓滿，該有的都有，富饒富貴、

幸福安康、繁衍傳承，天倫之樂都有。世間不圓滿就不要想求出世間的圓滿，世間還有缺有漏，卻不斷的去求出世間所謂的圓滿，那就想太多了，想太遠了，是不切實際的。世間不圓滿不可能有出世間的圓滿。真正的佛法會使我們看透其真諦真理，但是在行的過程中還是要福慧雙全，心量與小道同在，真諦與方便法門同在。

這就是我們要修的方便度第二行，巧會有無方便。首先必須得通達這個理，然後起用方便法門的時候，才不會糾結、不會撕裂。否則，學了奇門遁甲，學了五行八卦，在佛法看來奇門遁甲、五行八卦都是小道，那為什麼要學？我都學佛法了，知道一切唯心所造，什麼五行八卦，什麼奇門遁甲，《易經》預測占卜，為什麼還要學這些呢？這些都是假，一切相皆是虛妄，我要遠離這些，一切都是向心去求。如此就走向了偏執，偏執於萬有是假、萬有是空；就著了空魔，一切皆空，人際關係是空，師徒關係是空，老師是假，哪有什麼老師！著了空魔，就執著於空了，這即是執空，是修行之大忌。

真空是理，萬有是相。有理有相，身在萬有之中，見萬有但又明真空之理，我知道萬有實際是沒有，但是我又能夠在萬有當中手握乾坤，又掌控著萬有的發展規律，知

道萬有如何運化。知道萬有背後運化的根源就是我這顆心，萬有的一切都是呈現，就是我這顆心的呈現、心的投射。想要改變眼見的、世間的、物質世界的萬有，怎麼辦？就想辦法調整我的心，萬有就會改變，觀察心與萬有之間如何相應、有何規律，我掌握這一套規律。

這一套心與萬有之間的規律，就是我們所講的陰陽的定律、五行生克的定律、變化的規則，由五行演化出八卦，由八卦演化成了六十四卦，最後萬事萬物按照這套規律就形成其成住敗空，其空間性、時間性，以及如何轉化。我知道萬有是假，才能改變；我的心是真，改變真則萬有的假就會隨著我的心意改變，這就是心想事成。所以，我在萬有中，知道萬有是假，我還要在其中，但是我不迷在其中，不會被萬有的相徹底迷住，不會沉迷於萬有呈現出來的相裏，而且如果相不如意，我還能改變。

萬有即是境，境和心的關係是什麼？我在境和心之間，如果我是凡夫，我的心就隨境所轉，有美女相伴我就高興、開心、滿足，心境就開始歡心雀躍；美女一旦遠離我，跟別人跑了，我這顆心立刻就痛苦不堪，就不開心了，這即是心隨外境所轉，亦即是萬有轉我的心，我就是凡夫。如何成如來？我知道這個理，知道真空含萬有，真空是真，

萬有是假，如果我喜歡的美女不願跟我在一起，我透過調整我的心，就能得到和她的幸福。

有人感覺很詫異，「老師，難道我想要誰，誰就能跟我在一起嗎？」

是對的，但這是理。所謂調整這顆心，現實的萬有就會跟著改變，這是確定的理。但是如何調整你的心，你的心中真的想要這個美女，真想跟她在一起嗎？其實這裏還是有修練的階梯，也得一步一步的走。我們現在講的都是理，心一調運即轉，心一變境即變，這就是所謂心能轉物、心能轉境，如此則同如來。我們講的是這個理，但僅僅理明了還不行，還得在事上修，也有階段性。我們現在講放下你心中的分別、判斷、取捨，不執著、不妄想，你就成佛了，或者講你現在回頭就是岸了，這都是理，只在理上明，你就成了天天一說理頭頭是道，開口勸人時頭頭是道，但是發現沒有用，解決不了真正的問題。為什麼？因為你就是口說般若，沒有行般若。

只是口上好像明白了理，天天與人論理，其實一點兒用都沒有，如此就成了佛油子、禪油子，這種人很討厭。坐下即講佛的道理，還都是終極的道理。

來人問他：「我到底應該怎麼做？」

開口便是：「你放下就行了，本來也不是好人，你放下你老公就行了。」

　　來人說：「說得容易！在你眼中他不是好人，在我眼中他就是難得的好人，但是被外面的小狐狸勾引走了。我就是放不下，我怎麼能放下！那你告訴我應該怎麼放？」

　　禪油子就是這樣給人講這些所謂的禪理。

　　真正學禪的人，越是學有所成，越不講這些禪理，真的不會去講，然後會教人具體的一些法門、一些方法，讓人當下心裏就看到了真相，看見了她和老公之間的真相，看到了問題的本質。這是有方法的，這種方法巧妙的運用，就稱為善巧方便。

　　善，即是我的發心是好的，既然一個人有痛苦，痛苦來自於對情感的癡迷，這並沒有錯，而我知道以後我的發心是好的，想讓他脫離這種煩惱和痛苦，這是第一個發心；第二個發心是，煩惱與痛苦，其實煩惱即菩提，任何事情都是一樣，痛苦的背後一定有其意義，而我發心讓他看到痛苦背後的意義；如果還要再深一點，我還能讓他看到痛苦是怎麼來的，煩惱是怎麼來的，其根源是什麼；繼續深入一點，透過這一件事，我就能教他如何遠離痛苦，以後不會因為這一類事痛苦了，即是教他離苦得樂的方法。其

實，一點一點的就將他導向佛道，這稱為善，亦即是進趣果向方便，就是所謂的善。

　　然後真正教給他方法，帶他去走前面所講一步一步的過程，這就稱為巧。即是熟練的運用方便的方法手段，為他帶來便利，就是我們掌握的善巧方便，掌握這些導入人的內心看煩惱的根源、找煩惱的根源，這種方法我們巧妙的運用。我們學些這些方法不是為了顯示自己，不是為了讓自己出名，或者讓自己賺大錢，而是要導人向善、導人向佛道，是對他人有大利益，這才是謂菩薩行。

　　我們所講的菩薩行不是為了自己，而我們又清楚知道真的不是為了自己嗎？每一個與我相關的人都是我的一個人格，我救度的也不是別人，救度的是自己，這是從大理上來講的。但是，我發心不是為自己，不是為自己的名，不是為自己的利，去學善巧方便的方法，而是為了利益眾生，讓眾生離苦得樂，讓眾生發起菩提心，讓眾生走上菩提道，最後讓眾生達到菩提果，我是發的這個心、這個進趣果向。

　　我在這種發心下，運用巧妙的方便法門，你喜歡《六祖壇經》、喜歡聽佛理，我就跟你講佛理，讓你歡欣鼓舞，讓你產生信任，破除你的煩惱，讓你跟著我走，跟著往哪

兒走呢？引導你發出菩提心，引導你走向菩提路，最後達到菩提果，這即是菩薩行。所以，方便波羅蜜得在離凡轉聖的狀態下，行的是菩薩行、菩薩道，前面六度都是凡夫修自身，讓自身不斷的轉化，而菩薩和凡夫的區別在於菩薩是利益眾生，所有後四度都是利益眾生的。

方便度是利益眾生的，為眾生方便，把眾生引導向菩提果；願度，是引導眾生發出大誓願；力度，也就是力波羅蜜，是要有神通之力，有大神力，救度眾生，把眾生導向菩提；智度也是一樣，都是一個道理，所以這四度稱為菩薩道。前面六度修成的是阿羅漢，是小乘，修的是自己如何布施、持戒、忍辱、精進、禪定、慧度，都是修的自己，所以稱為凡夫道，度的是凡夫。而要轉凡成聖，所謂聖即是菩薩，我們前面講過菩薩的標準是什麼，首先就是利益眾生，心已經向外、向眾生，已經離開自身了，在自身修行前六度波羅蜜已經具備的前提下，開始發大智慧，開始面向眾生、利益眾生，此即謂菩薩道。菩薩道第一即要學方便法門、方便的接引法門，再求接引方便的三行。

剛才在講方便度的第二行巧會有無方便，現在講第三行不捨不取方便。何謂不捨不取？我掌握了救度眾生的諸多方法及手段，包括通達佛教的方法手段、通達道家的方

法手段、通達儒學的方法手段，又通達基督教、伊斯蘭教、猶太教的方法手段，還通達薩滿的一切方法與手段，可不可以？當然可以。這些我都可以去學習掌握，我要達到巧方便。善方便是動機、目的性，在善方便的良好動機、目的性的前提下，去學巧方便，讓我的方法手段更加純熟、更多技巧。

世間法、出世間法、一切的方法手段我全都可以學，可以學《易經》、學風水、學治病、學中醫，可以學量子物理學、學心理學、學神學，可以學《古蘭經》、學《道德經》、學《聖經》，可以學《新約》、學《舊約》、學《啟示錄》，什麼都可以學。但是我不執著於這些，我心裏沒有什麼是好、什麼是不好，因為我心裏沒有哪個是不好，所以我能放開什麼都可以學，這些都是方便之道；但是我心裏也沒有哪個是最好，哪個是最好我就執著於哪個，沒有最好，這即是所謂不取不捨。

我所學的這些真的有嗎？其實我心裏知道這些都是假的，但是知道是假的就不去學了嗎？就要排斥嗎？那不可以，那樣即是又落入到了空執，又空了。當我認為假的我都不要的時候，其實真也沒了，真的也在假中有。萬有當中有真空，真空當中有萬有，真空是理，萬有是相，理在

相中存。如何不執著於相、不被相所牽引？我得知道真空之理。心中知道真空之理，就能離萬有之相。於相離相，我在萬有中，即於相；其實我心中有真空之理，即又可離相，知道都是假相。但是我還在其中遊戲著，這即是所謂我既不捨也不取，這就是方便法。

什麼都可以學，如此就念念無滯，方便法門沒有障礙。可以學物理、學化學、學英語、學數學，都是方便法門；還可以學音樂、學書法，因為有人因音樂而得度，有人因書法而得度，有人因信上帝而得度，有人因讀《古蘭經》而得度，有人因《道德經》而得度，有人因《啟示錄》而得度，都沒有關係。世間萬法皆可學，但是我知道這個理，都是空有的；我知道為什麼學，不是因為我特別喜歡我就學，特別喜歡什麼就學什麼，自己反而執著進去了，我之所以學這些方便法門，是為了度化各類眾生，因為眾生需要、因為眾生喜歡，所以我去學。

一定要清楚，我在方便法門中，學習各種技能、技巧，我是為眾生而學，這才稱為菩薩行、菩薩道。我掌握越多的世間的智、世間技巧、世間方法，還包括出世間的方法，我知道這些都是假、都不究竟，但是這些都是我度化的手段。巧即是熟、即是多，掌握的方法又多，運用的又熟練，

才稱為巧方便。我掌握的越多，什麼都會，與我志同道合的人就越多，我就可以隨機說教，將人導入菩提道。使眾生發起菩提心，將眾生導入菩提道，達到菩提果，這是我們的目的，即所謂菩薩行、菩薩道，就是度化眾生的需要。其實，度化眾生亦即是度化自己，眾生都是我自己的人格。我度化了無數、無量、無盡的眾生，當沒有眾生可以度化的時候，我自是已經達到了佛果，此即所謂菩薩行。菩薩行就是方便、願、力、智，這四度、四波羅蜜在現實中必須得修。

有人問：「老師，我是不是要先把前面六度都修好了，然後再修方便度？是不是前面我還是凡夫，就不能修方便法門，等我成了觀音菩薩，再修方便法門啊？」

不是這麼回事。十度雖然分了層次，有凡夫道有菩薩道，但都是權宜，分層次是權宜之計，為了說明而已，不是真實存在。十度在修行的過程當中，其實全部都在，布施的時候就有其他的九度，布施也都有願，布施也得有方便，即用什麼方法布施，布施也得有願，布施也得有力量，布施也得有智慧，布施也得忍辱，這些都得有。其實任何一度都是十度俱全，要修即是同時共修，而不是要分出前後次序。十度，十方面智慧隨時起修，心心念念就在其中。

這就是個人在修個人的菩提智慧、般若智慧，及其方法，即是這十度隨時起修，包括共修。

　　這就是所謂捨，看似捨，其實我還在得；在得當中，我心中有捨；而捨又不是真捨，不是完全不要，而是我心中有捨，現實中我還得多學、多看、多聽、多練，這就是不捨不取方便。

第三節

行般若智需方便法
容易亦不容易
四因緣接引眾生

　　講了方便波羅蜜之三行，現在知道了善巧方便其實是對外、對眾生，如何方便接引眾生，如何轉化眾生，如何引導眾生。如此我們的方向明確了、目標明確了，然後我們應該怎麼做？就是所謂四攝、四因緣。何為四因緣？即是四種引導眾生的方法，或者稱吸引眾生的方法。我要度化眾生，怎麼能夠建立緣起，使眾生喜歡聽我的，跟著我，跟我建立連接，這就稱為四因緣。

　　佛說四因緣，第一即謂相好光明因緣。意思是最吸引眾生的因緣，第一個即我們現在所說的顏值。長成醜八怪的樣子往臺上一坐，為大家講經說法，根本沒人聽，人人都離著遠遠的，長得口歪眼斜一看就不是好人，誰會聽你的。真正修法，真正的大方便，想度化眾生，一看都是佛相，佛之三十二相是謂圓滿相，或者是菩薩相，儀表堂堂、一身正氣，一看這個人就有吸引力，這就是顏值。現在不都是顏值控嗎？別人不知道你的內心什麼樣，但是一看你

的顏值就想跟你親近，就想接近，就喜歡看你。這都是修出來的，所謂相由心生。我們平時無論學經學法，學佛學道學儒學，還是學基督、學伊斯蘭，不管學什麼，我的內心越來越平衡，越來越圓滿，則必是相貌端莊，然後一點一點的佛之三十二相就會在身體上呈現，自然就會吸引大家，這是一種自然的向心力。

帥有標準嗎？美有標準嗎？顏值有標準嗎？其實沒有標準，都是一種感受。別人一看你就覺得喜歡，具體喜歡哪裏？是喜歡眼睛、喜歡眉毛，還是喜歡鼻子、喜歡嘴巴？把你的眼、眉、鼻、嘴安在別人的臉上就不一定好看，但是在你那兒就好看，為什麼？因為這一套配合著內在的氣質、內在的內涵。眼睛並不在於大小、單眼皮還是雙眼皮，而在於眼睛裏面有神，眼神當中透露出來的親切，那種狀態、那種內涵、那種深邃，那是內心的而不是眼睛本身，你眼神的深度，眼睛發出的內心的東西在吸引人。你的眼睛再漂亮，換到別人身上，哪怕是國際一線大明星的眼睛換過去，也不一定好看。

因此，佛所講的第一因緣就是相好光明因緣。我們修顏值，有內修有外修。內修，即不斷的轉變我們的內心，讓我們的相由心轉，如果內心柔和、內心平衡、內心圓滿、

內心無殺戮，面相就不會露出殺機；內心不恐懼，表相上就沒有那種害怕，你害怕，別人看你也會害怕。內心相對圓滿，不用任何外在的化妝、修飾，都不需要，別人一看見你，就想跟你接近，此即謂顏值，相好光明，給人呈現的是光明相，而不是陰暗相。不是看著臉上發黑，一看這人就齷齪，一看就下流，一看就卑鄙，看人都不正眼看，這都不光明。我們一定要光明積極，相好即是儀表堂堂，這就是相好光明因緣。

現在我們的心還沒修到那麼圓滿，怎麼辦？我們就要在出門見人的時候，稍微修飾一下，穿的衣服要得體，髮型要講究，五官該化妝就化妝、該戴的配飾就戴上，這即是為了方便接引眾生，透過相好光明來建立因緣，讓人一見你，感覺衣著得體，行為舉止得體，長的一看就是德相，相貌福慧俱全，大家都願意接近。這並不是為了別人打扮，好多人都學成了狂禪、任性禪，學成了什麼都不管，自己願意是什麼樣子就是什麼樣，目中無人、目無師長，有的人就學成這種禪了，這叫狂禪。自以為在遊戲人間，願意怎樣就怎樣，參加宴會，別人都是西裝革履的正裝，他就穿大褲衩、穿拖鞋，沒人管的著他。

學禪學成那樣不可以，讓人討厭、反感，讓人對你有

惡言、惡語、惡行、惡念，就勾起了人們的憤恨心，勾起了人們的厭惡心，你還覺得那是別人的問題，其實並不是別人的問題，而是你勾引而來的。由於你的不如法，勾引起了別人的怨恨心，那就是你的問題。佛都告訴我們要注意顏值，佛第一就是莊嚴，佛自心大解脫，但是佛的言行舉止，包括穿著髮型、五官相貌，都非常的注意細節，所以佛一上坐，還沒開始講經說法，就把大家的心懾服了，就建立了一種親善的因緣。別人就想跟著祂，就想聽祂講，就對祂產生一種基本的信任，這就是相好光明因緣。

第二個稱為說法之因緣。意思是，張口即是正理，前面是相貌，外在相的呈現建立因緣，而後當我們與人溝通，開口即是正理，不偏不倚，不偏執、不衝突、不暴力，張口即平衡，張口即正理，用語言、用音聲建立因緣，懾服對方的心。透過什麼語言來建立因緣？何謂說法？開口說的必是正法，讓人一聽合情合理，感覺知識淵博、滿腹經綸、閱人無數；對世間的道看得又精又細又準，又能看到本質；對出世間的法也能夠掌握，又能夠運用；既明白終極的理，又會行當下即解除困惑痛苦的小道，有理有據，有道有術，這才能吸引人，這即是第二因緣，說法之因緣。

第三個因緣，稱為神通之因緣。神通因緣即是，當下

就能為人解決痛苦，就能解決困惑，就能解除煩惱，這是謂神通。當下使其離苦得樂，這稱為神通。但是要清楚，此處真正的神通可不是在人前做魔術表演，類似把鋼勺變彎了，那不是真正的神通。把鋼勺變彎，只會博眾人之目光，能讓大家離苦得樂嗎？不可能。在大家面前變條蛇出來，能讓大家離苦得樂嗎？讓大家信服你，覺得你是一個神通高人，大家會信服你，但你是為了眾生還是為了你自己？為什麼讓大家信服你呢？是讓大家供養你、給你錢嗎？讓大家都來請你去解決問題嗎？是為了自己的名聞利養嗎？這一定要清楚。我們在此所講的神通可不是表演性質的神通，現在市面上表演的神通都是魔術，都被揭穿了，那叫邪道，叫外道，叫魔道。所有表演神通的都是魔，他把人導向的不是脫離煩惱而走向快樂，而是把人導向跟他學神通，去做一些超越現實的事，就更加激起了人們對現實的貪欲、無窮的貪欲，讓大家更執著，那是不對的。

此處的神通要記住一點，我掌握著使眾生離苦得樂的方法，這才稱為神通。人們有煩惱、有痛苦，到我這兒來了，我透過語言、透過講經說法，或者教人關注內心的法門，讓人返觀內心，然後看到內心的狀態，知道為什麼會有這些煩惱，知道煩惱的根源是什麼，然後我再教人如何在內心當中化解這些煩惱，使眾生離苦得樂，拔眾生之苦，

這就是神通，這才是真神通，是大神通。

這是謂菩薩道，是引領眾生離苦得樂，教眾生返觀內心的方法，知道煩惱與痛苦的根源，然後去化解，這是將眾生導向圓滿，帶領眾生走向菩提路。人們真的信你，而且這種信是沒有副作用的，人們由於信你、修了你教他的道、修了你教他的方法，自身能夠更加趨向圓滿，真的能夠感受到什麼是苦，什麼是樂，怎麼離苦，怎麼得樂，這是真神通，是菩薩道的神通，這即是正神通。

我們一定要有正神通，千萬不要用邪神通表演，顯得自己多麼厲害，違反物理常識的神通是會激起眾生恐懼的，越是表現的神通廣大、威力巨大，大家就越怕你。比如你有穿牆的神通、穿牆術，你給大家表演的時候，大家可能歡呼雀躍，說你真是厲害，真是法力高強太厲害了，但是同時就會害怕你，不敢跟你接近，為什麼？一旦跟你接近了，你知道人家住在哪裏，晚上你想進來怎麼辦？牆都擋不住，你穿進來以後會幹什麼？就激起了無限的想像，就會害怕你。一方面信你，一方面怕你，千萬不要修這種神通，凡是修這種神通的，不論真假，不管是魔術還是真有神通，最後的結果都不好，下場都不好。當你激起了眾生的恐懼時，就是你必死的一天，大家一定要先除掉你才會

心安。否則眾生都不安，都會害怕恐懼，所以這種神通千萬不要去練，不要去學，不要去用。

真正的神通就是使眾生離苦得樂。這才是大神通，改變人們的心，心一轉，命運都轉變了，你就能教眾生調心轉運。世界上什麼是最堅硬的？人心是最堅硬的，是最固執的，你能把人心由堅硬變成柔軟，由狹窄變成廣大，不是大神通嗎？這才是佛菩薩的正道神通，這是沒有副作用的，這種神通用得越多越廣，方便法門用的越巧，接引的眾生就越多，不是接引到你自己身邊，而是接引到佛道上、菩提道上，讓大家發起菩提心，讓大家走上菩提道，讓大家得到菩提果，這才是真正的目的所在，這即是菩薩心。

因此，第三個因緣就是神通之因緣，你要掌握，不要天天只知道對人說理，卻解決不了人家的問題，人家聽著再歡欣鼓舞、心花怒放，但是這理再有道理，解決不了問題，人家還在痛苦中煎熬著，帶著一顆痛苦的心聽你講經說法，能聽多久呢？不配神通的講法就是，口說般若而不行般若。行般若大智慧，得有手段，大智慧不僅僅是理，所以四因緣裏很重要的一點就是神通之因緣，你得真的掌握方法。

第四個因緣，稱為名號因緣。名號其實有很大的作用，

有極大的吸引力。取個好名字非常的重要，非常利於接引。比如阿彌陀佛，開口一說阿彌陀佛，就感覺正大光明，就願意念，朗朗上口。其實佛菩薩的名字起得都非常好聽，大勢至菩薩，既朗朗上口，又有一種大格局、大心量的感覺。大慈大悲觀世音菩薩、阿彌陀佛，名字本身就有極大的吸引力，就是一種因緣的建立。甚至現在的明星，為什麼都不用自己的原名，因為原名都是父母起的，感覺好像很土，名字叫不出感覺怎麼能成明星呢？大家一叫就感覺土，一叫名字就與人掛鉤了，所以想出道的時候，經紀公司首先包裝名字，重新起用一個名字，所以明星大牌，以及很多名人們，基本上都不用自己的原名，都用後來的新名字。

所以自古長大成人以後，自己要給自己起號，就是這個意思，不用原名了。例如魯迅，魯迅根本不姓魯，而魯迅這名號一叫很容易就出名了，大家也都願意叫，但是要用原名周樟壽、周樹人反而不一定能出名，雖然文章寫得好，但文章寫得好的人太多了。別人在叫你的名字時，其實就是建立因緣很重要的方面，這就是以名號建立因緣。

佛經上講的四大因緣稱為方便接引的因緣，與眾生建立因緣即是此四因緣。學了無窮無盡的方便法門，而佛法

所講的真理只有一個，但是為何佛開八萬四千法門，開一個門不就好了？既然是一個理，只有一個道，為什麼八萬四千法門，甚至不止八萬四千種修行方法，這就是所謂接引的法門，即謂方便法。其實所有的方便法門都是不究竟的，修佛就念一句佛號能成佛嗎？不可能。為什麼佛專門又講了《阿彌陀經》、《無量壽經》，告訴我們十念佛號就能成佛。這是為什麼？學佛、修佛、成佛有那麼簡單嗎？其實不那麼簡單。但是佛為什麼告訴我們就是這麼簡單？十念即往生，阿彌陀佛就來接引你，將你帶向極樂世界，在那裏你再好好的修，你就修成了，這就是所謂方便法。

你不是覺著學佛很難嗎？從初地菩薩、從初發心一直到成佛，共有五十二個階梯。要修成此五十二階位，走到上層，知道需要多長時間嗎？至少四大阿僧祇劫，意思是無窮、無盡、無量的時間，而人這一生也就活一百歲左右。從初發心到成佛果，正常最短的時間是多少？宇宙已經滅了又生，生了又滅多少次了。這一百年的小生命算什麼，那得是積生累劫的修行，一劫多少生，一生又是多少年，根本算不過來。但是大家是不是就畏難了呢？認為佛法不能修了，修十度給我的限制這麼多，然後又五十二階位，我現在才是初發心，等我修成佛，我所在的宇宙都不知生生滅滅多少次了，我才有可能一步步的修成，這太難了！

算了，不修了！這就是畏難心態。

所以佛就開了淨土宗的淨土法門，傳了一部《無量壽經》，告訴我們其實學佛太簡單了，十念阿彌陀佛即可成佛，給了一條捷徑。結果我們也沒有成佛，以為所謂的十念，就只要是心中十念，阿彌陀佛必會應念而來，然後帶我到極樂世界，一切盡好，坐在蓮花世界中，黃金鋪地，最喜歡的美食天天變換著花樣吃，最華麗的衣服想穿什麼樣的隨便穿，最豪華的宮殿，最香軟的床，最高清巨大的電視，最好玩的遊戲，全都有，極樂世界想要什麼就有什麼，然後你舒舒服服的就成佛了。這不是白日做夢嗎？這不是與佛理相反嗎？那佛經上為什麼又這樣講呢？既然那麼簡單，那就要這一個法門不就成了，為什麼還讓大家上五十二個階梯，然後又天天修十度呢？因為這些都是所謂方便接引。

佛開八萬四千法門，沒有一個是究竟的，究竟的法門說不出來，無形無相，最高、最究竟的就是摩訶般若波羅蜜。但是最高的不知道怎麼修，摸不著、看不見，也就無法修。所以我們現在講的《六祖壇經》，就是告訴我們最高的般若波羅蜜。還有《金剛經》，就是告訴我們般若波羅蜜、最圓滿的大智慧度人到彼岸，就是在講最高的境界。

但是就以講《六祖壇經》舉例，聽完你也不知道是在講什麼，你也用不了，也不知道從哪兒起用，也不知道從哪兒起修，最後因為根性不同，很多人修的要嘛執著於狂，變成了狂禪、禪油子，不知道如何修，反而什麼都不在乎了，天上地下唯我獨尊；要嘛就修成了空寂禪，都變成空了，也是什麼都不在乎，什麼都沒有了，絕望了，生命都沒有意義了，情感還有意義嗎？一旦放下分別就全放下了，就都拿不起來了。

我們要理解清楚這個理，要學最高的禪，必須得從方便接引的這些法門中選一個有形有相的進入。我知道這些法門都不究竟，念阿彌陀佛一定不究竟，但那是接引我入佛道的方法，我堅持修下去，修到最後再講所謂十念阿彌陀佛，阿彌陀佛一定會來。

有人說：「老師，我都念一萬多遍了，阿彌陀佛怎麼不來呢？」

佛經中跟人講了，一步一步的來，一步一步的修很簡單，接引進來以後十念就能成佛了。然後你天天十念也沒有來，後來一天念了十萬遍阿彌陀佛都不來。

最後老師跟你說：「你是口念還是心念？一定是心中十念阿彌陀佛，祂就來了，你雖然念了十萬遍，但你是在

口念而心不念，所以祂不來。隔音而聲再大，只是你的口在念，阿彌陀佛聽不見，如果真正是心念，不必十念，一念阿彌陀佛就來了。」

馬上就問了：「老師，到底怎麼心念，我如何做才能真正是心念阿彌陀佛？阿彌陀佛才會聽見呢？」

師父就開始教你如何心念。你為什麼心不念？因為你不斷的生起妄心，生起雜念，你一定得破除妄心，破除雜念，你的心才清淨，此時你一念阿彌陀佛，阿彌陀佛就聽見了，心中一念比光速都快。

繼續問：「老師，我到底怎麼做？如何能夠破除我的妄心和雜念呢？」

因為你有執著，所以才有妄心和雜念，就像厚厚的烏雲，把你和阿彌陀佛隔開了，所以你得先把執著之心放下，要想做到放下就得修十度。為什麼執著之心放不下，為什麼會有大妄想？為什麼會有妄心雜念，一秒鐘都斷不了呢？因為有三毒三大障礙，三毒五毒三百六十五毒，這都是你和阿彌陀佛之間的障礙，你得一個一個的去除障礙。三毒即貪瞋癡，五毒再加上慢和疑。一點一點的去掉你就能見到阿彌陀佛了，那時你的心一念阿彌陀佛就來了。

如何去除五毒？去除貪毒就得修布施，去除瞋毒就得

修忍辱，就這樣一點一點的把十度就引進來了。要破除障礙，是不是一修即破？那是不行的，布施也分很多等級，你得先發布施心，然後初布施，再一步一步修到心布施，也就是從有相布施最後修到無相布施，最後你才能修成。持戒也是，忍辱、精進、禪定都是，其實是五十二個階梯，是一步一步把你引來的。

你不是覺得修佛特別簡單，就進來了嗎？你特別嚮往阿彌陀佛，特別嚮往成佛，特別嚮往西方極樂世界，於是把你接引進來了。以欲來勾牽，所謂欲，即在阿彌陀佛的極樂世界，最大的欲望都能實現。你喜歡打遊戲，到了極樂世界，那都是真人實景的虛擬遊戲，天天在蓮花裏一坐，也沒有父母在旁邊盯著你，沒有父母嘮叨，你想玩多久就玩多久，不需要睡覺，還精神飽滿的天天玩遊戲，而且想玩什麼遊戲就玩什麼遊戲。

極樂世界，黃金鋪地，錦衣美食應有盡有，是不是會勾起你巨大的欲望，然後你就特別的嚮往，而且特別容易達到，十念佛號就到了。這就是最大的方便法門，以欲勾牽，令入佛智，一步一步的把你帶進來，然後開始布施、持戒等等開始修十度，五十二階位開始一步一步的來，最後將你引向了菩提道，你就忘了還得經歷多少生、多少劫，

就不會想那些了，進來之後你就一步步的走下去了。這就是所謂方便的接引法門，什麼都不容易，什麼都非常容易，一定是用非常容易的方法把大家接引進來，這就是建立四大因緣。

這四大因緣就是佛告訴我們的，要講經說法傳播佛的智慧，首先要從四大因緣做起，四大因緣首先是相貌端莊、儀表堂堂、光明外顯，即相好光明因緣；同時對佛理要深切領悟，如此講經說法，開口出來的就是佛音、就是咒音，不僅要明理，而且語言、聲調有吸引力，聲音有磁性，即說法因緣；還得具備神通，能夠使眾生迅速的離苦得樂，於是就會建立起信任，然後眾生就跟隨著學習，一步步的往前走，此即神通大因緣；一定還要起一個好名字，即謂名號因緣。

給自己起一個好名，其實不是為自己起的。我們起名字基本上都有一個謬誤，都是根據我想叫什麼名字，我的願望是什麼，如此起名不是菩薩道。真正的菩薩道，起名號一定是想著眾生喜歡聽什麼名號，我就起什麼名號。我是為眾生而起名號，不是為我自己，而我們現在起名都是為自己，都是只以我所想。

我覺得毛澤東很英雄偉大，我就起名為澤東，如此是

不是別人一聽會很反感,「你憑什麼叫澤東?你怎麼能跟毛主席一樣呢?」我自己叫著特別高興,自以為像偉人一樣,我的名字跟毛主席很接近,他叫毛澤東,我叫王澤東,其實已經讓人反感、讓人討厭了,那就不是名號因緣了。眾生聽了以後歡欣雀躍,稱呼起來朗朗上口,能記憶內心的歡喜,還好記,因此是為眾生而起名號。阿彌陀佛、觀世音菩薩多好記啊,所有能留傳下來的名號,一定都是朗朗上口又好記的,所以為眾生起名號是第四因緣。

第四節

布施愛語利行同事留住人
攝入內心動機引向佛正道

講解了方便波羅蜜的四因緣，還有四攝。所謂四因緣是把人接引進來，人家透過你的相好，透過你的說法，透過你的神通，透過你的名號，被接引進來了，然後怎麼辦？然後即是四攝。

何為攝？攝取、攝入，就是進入人內心的方法。進入內心有幾種方法？即四攝。第一是以布施攝，第二以愛語攝，第三是利行攝，第四是同事攝。把人接引進來以後，已經開始親近你了，然後用四攝的方法留住人。四攝都是什麼意思？首先，何謂布施攝？之前講過布施，有財布施、法布施、無畏布施，你得捨得，你得為人服務，別人才願意跟你在一起，你也不能任何事都有所取，把人接引進來以後，你只想從人家那裏得東西，誰還會來？所以首先是布施攝，財布施有兩方面，一為內布施，一為外布施。

財布施中何為內布施？就是別人有困難的時候，用金錢去幫助別人；別人得病了，缺醫少藥的時候，用藥布施；別人缺東西，有所不足時，用物布施。為什麼要布施？就

是為了攝，即接引法門把人接引進來以後，要把人心留住。想留住人心就不要從別人那裏直接去得，否則就不是菩薩，那就是魔，只為自己就是魔。

何為財布施中的外布施？並不是布施給別人財物，不是給東西或藥品之類的，而是幫助別人，給予幫助，比如做義工。做慈善我可能沒錢，但是我可以做義工，用我們的腦力或者體力勞動幫助，即謂外布施。我沒有錢，但是你家裝修我可以幫你設計，這即是外布施，也就是並不需要錢或者需要很少的錢，我有技能即腦力勞動也可以做義工，做布施。或者你家搬家，我去幫你搬家，這也都是布施。

這些布施攝，和我們之前講的布施度、布施波羅蜜，其實是一個含義、一個道理，但是在這裏其目的有所不同。此處的目的在於什麼？讓你信任我，讓你更加接近我，我要進入你的內心。這是佛法嗎？這不是世間法嗎？其實佛法不離世間法，如何接引，如何將人接引入佛道，方法其實不重要，用任何方法都行，但是動機很重要，此即謂善。以善為導向，以讓對方發起菩提心，走上菩提路，最後達到菩提果，以讓眾生得度、得圓滿，為動機和目標。在這個目標下，可以用各種巧、各種方法，包括可以用布施。

佛教、道教都是宗教，為什麼道教基本上都衰微了、沒有了？為什麼佛教也很衰微？都形不成世界宗教。為什麼基督教大行於世？我們想一想，看一看道士都在做什麼，和尚都在做什麼。和尚都在廟裏高坐廟堂，等著眾生的信徒來供養，而他們對信徒都做什麼，就給人做場法會，祈個福，還收人家好多錢，不給錢也都不做。不是這樣嗎？有哪些和尚主動進入世間，為眾生做些什麼事？道士又在世間給眾生做過什麼事？都講究別人布施給他，因為他是修行人，別人供養他、布施給他，而他為別人做過事沒有，他對這個社會有什麼貢獻？

　　再看看基督徒們在做什麼事。到教堂裏就可以看到，進入教堂裏，會免費為你提供一份午餐，還有專門看護小孩的地方，可以天天把孩子帶過去，有專門教英語、教鋼琴、教畫畫的老師在那裏教孩子，不收你的錢，你只需要來聽福音，來唱聖歌就行了。這些難道不是一種布施嗎？現在在香港、在國外，多少學校、幼稚園都是基督教會學校、教會幼稚園，難道不是一種對社會的布施嗎？不是對眾生的一種布施嗎？為什麼基督教能夠這麼好的推廣至全世界一半以上的人？有人覺得是因為大家都信上帝，而大家為什麼會信上帝？上帝是看不見、摸不著的，其實大家都是透過傳教的人來瞭解上帝的。

然而，我們的道教離眾生甚遠，講究的是自我修行，自己成仙得道。我們的佛教高高在上，和尚天天身披袈裟在廟堂裏一坐，離眾生甚遠，真像佛一樣就坐在那裏。根本沒有一個為眾生服務，根本沒有一個為眾生布施、為眾生而捨。哪還有這個心，哪個學校是寺廟建的，有幾個幼稚園是和尚捐的？沒有心，怎麼能教化眾生，怎麼能隨順眾生，眾生又憑什麼跟隨你？

　　佛法當中的四因緣、四攝法，都是在佛法中、佛在教我們如何接引眾生，走入佛道，然後自我修行圓滿。但是中土的佛法、中土的和尚們，有幾個是按佛教的方法去做的，對眾生連布施都沒有，就算不做財布施，難道不能法布施嗎？然而，為什麼不能法布施了？因為他自己也講不明白，自己也不掌握正法，所以也就無法做法布施，其實不做還好，一做反而成了邪布施、邪法布施，反而害人慧命了。現在有幾個和尚能夠講經說法，又有幾個能講明白的？多數都是開個法會，念念經、念念咒，然後給人摸摸頂就行了，都只是走個形式了，如何留住眾生？

　　按照這種形式發展，中國中土基督教會發展非常快，看看基督教在鄉村中如何發展，每個鄉鎮村莊都有教堂，基督教徒是如何用的布施法、攝入法？進入教堂不管你是

老人或孩子，無論你是誰進來後都給你兩個雞蛋、一袋米、一小桶油，這難道不叫布施嗎？如此就把人接引過去了。然後基督教教堂建得富麗堂皇，又很莊嚴，讓人心生敬畏，教堂是一種莊嚴相，牧師個個儀表很規矩、規範，讓人一看就有一種信任感。透過建築也有相好光明的作用，然後透過人給人建立信任感，牧師都要經過培訓，講法布福音很到位、很規範，人都願意聽，都是上帝的神跡，對下面的眾生講我信了上帝後，有什麼神蹟出現。布施攝用得多好，你們一開始不信我沒有關係，只要你來我就給你好處，這即是布施。一點米一點油兩個雞蛋，老百姓看的就是眼前的利益，這就是因利制導。

然而，咱們寺廟和尚有這麼做的嗎？寺廟和尚都是要你到我的廟裏來，給我布施，你不要想從我這裏得。佛經告訴我們，四攝第一就是布施攝，但是現在不僅財布施沒有，連法布施都沒有了，最後無畏布施也都沒有。和尚都是高高在上，人們有了心裏話，有痛苦和煩惱了，去找方丈聊一聊，如果不供養他，看他理不理你，接不接待？無畏布施都沒有，愛撫幾句、安慰幾句、勸導幾句，這都很難。方丈天天接觸什麼？大功德主、大供養方，方丈天天一起喝茶聊天。為什麼佛教發展不起來？按照佛法的方便接引教導去做了嗎？根本沒有。反而基督教做得很好，所

以發展的特別好。我們藉由這種現象講的，即所謂以布施攝。

第二以愛語攝。何謂愛語？即是說你喜歡聽的，不跟你對著來，不跟你辯論，不說你不願意聽的，用愛語鼓勵你、讚揚你，人人都喜歡鼓勵，然後繼續安慰你、傾聽你，此即謂愛語。當人被你的相好，被你的說法，被你的神通或者被你的名號吸引過來後，在你行布施的過程中跟你接觸時，要記住用愛語來攝入對方的內心，用溫柔、愛撫、安慰的語言，讚揚、鼓勵的語言，攝入對方的內心，然後做好傾聽者，這也是愛語的一方面，如此大家就願意跟你在一起，願意交你這個朋友。有什麼困難你能夠願意傾聽，能讓他發洩，你又能安慰他，又能讚揚他，發自內心的鼓勵他，這是人人都愛的，他就願意跟你接近，然後你又有神通力，能幫助他離苦得樂，他想要的成功、想要的任何東西，你還能幫助他，如此他就會離不開你，這即是攝入法，方便法門中非常重要的以愛語攝。

第三個稱為利行攝。利行即是成人之美，要做什麼事，只要是善的，只要沒有害人，想做什麼事我都成人之美，因為我有神通力，我能幫助、利益別人的行為、行動，能成人之美，所以稱為利行。只要跟我在一起的人就能受益，

那誰不願意跟我在一起呢？

但是現在的中國人如何？都在想「有人跟我在一起，我得從別人身上受益。」

那還如何能與人在一起？這就是問題，所以我們在行方便波羅蜜的時候，在修方便波羅蜜的時候要注意，佛法是有具體的方法教我們的。一定要清楚，一切都是以利益眾生為導向，怎麼利益眾生，怎麼與眾生建立信任，怎麼接引眾生，怎麼攝入眾生，都是有方法的，就稱為利行。

第四個同事攝。前面三個，從布施，到愛語，然後利行，當利行做好以後即到了同事，何謂同事？即是指我要爭取與你志同道合。你喜歡什麼，你信什麼，我跟你是一樣的。

有人說：「老師，這樣不對！我信佛，這個人信基督，我怎麼能跟他一樣呢？」

要記住，你最後的目的一定是要將他引向佛的正道，他信什麼都沒關係，你都跟他一起信，這就是同事。只有志同道合者才能有共同語言，才有說不完的心裏話。你不能跟人對槓，不能人家在講基督的時候，你就告訴人家上帝是假的，不能向外去求上帝。

你還跟人說：「你得跟我學佛，佛告訴我們了，我就是上帝。」

你如此說，信基督的人一聽你的話就離你遠遠的，就會認為你是魔，你太狂妄了，還自認為你是上帝。他不會再聽你說了，你更別想去接引他，他就跟你對立了。

應該怎麼辦呢？要做到跟人志同道合。因為在我們學佛的人眼中，沒有什麼是錯的，也沒有誰是對，只有究竟與不究竟，究竟還得從不究竟中來，其實都不究竟。佛開八萬四千法門，沒有一種是究竟的，但是由於這種不究竟就將我們引向了究竟之路。基督教、伊斯蘭教，其他任何宗教都不究竟，但是都會把我導向一條究竟之路，其實沒有關係，入門法不同而已。所以你得是這樣，別人信道時，你跟他信道；別人信儒時，你比他還信儒學；別人信伊斯蘭教時，你對穆罕默德、對《古蘭經》更加瞭解，你能引領著他往前走，這就是同事，即所謂攝入之道，非常重要。

佛經裏有一個故事，有一個佛是修阿彌陀佛的，就是修念佛號最後成了佛。他到了某一個空間、某一個星球上，遇到兩個人專門信大仙，信所謂乩童大仙，就是附體的大仙，這個佛就化成菩薩身，度這兩個人。是怎麼度呢？他比這兩個人還信附體的乩童大仙，然後大家一起請乩童大

105

仙上身，這兩個人看他比自己還信，在這方面研究得更深，就覺著他就是老師就跟他學，所以他就帶領這兩個人求附體，求神靈上身，求的方法是對的，神靈真的就上身了，但是上身的是哪個神靈呢？就是他的真身，之後上身的神仙、佛就對這兩個人講，「你們要念佛，這才真正能得大利益，你想得到的，透過念一句佛號就能得到。」然後這兩個人就開始念佛，因為他倆信附體來的神仙。後面這兩個人一點一點的就導向了天天跟隨著大師念佛號，後來就走入了佛法的正道，最後也修成了佛。

這是佛經裏的故事，是什麼意思呢？乩童附體，這是我們最討厭、最排斥的外道，但是為什麼佛菩薩居然還用呢？這就是所謂方便法門。其實沒有什麼是外道，所有的凡、外、權、小，也就是我們最看不上的那些外道、凡夫之道、權宜之道、小道，都有受眾，都有人信，所以才能流行。我們在修方便法門的時候，要接引眾生入佛道，一定要在四因緣的基礎上，把四攝法學好，這樣我們才真的能夠廣傳我們的佛法，才能接引更多的眾生進入我們的法門，跟我們一起去學習，走上圓滿之道，走上菩提之路，一起發菩提心，一起走菩提道，一起達成菩提果，我們不是為了自己而是為了眾生，這稱為方便法門。

但是要時刻記住，善巧方便的動機一定要是好的，然後我的內心中，有善巧方便、進趣果向方便要掌握好，這是第一位，這是前提、動機、目標；在這個前提下，我們還要做到巧會有無方便，就是要看透真俗二諦如何運用，真空是理，俗即萬有是相，真空在萬有中，萬有當中有真空之理，我們把這個悟透了，在行小道的時候，在行外道的時候，我心中不離真空之理；我還要在行四因緣、四攝入法的過程中，保持一種不捨不取方便的心態。

　　我要知道這個理，即十度加行之方便度的三行，就在四因緣以及四攝入當中同時存在，這樣我們行的方便法，才能形成巧妙的運用，各種世間的、出世間的手段以及方法，達到我接引眾生歸入佛道，最後圓滿成佛的目的。這就是方便波羅蜜，亦即是方便度。

第二十章

發菩提心　立菩提願

行菩薩道　證菩薩果

第一節

時空是假初發心度盡眾生
生死皆在六道中因果本空

「摩訶般若波羅蜜，最尊最上最第一」，如何修最高、最圓滿、最尊貴、天下第一的大智慧，我們才能到達佛的彼岸，就是常樂我淨、永斷煩惱的彼岸。我們修十度波羅蜜即是十種大智慧，在現實中我們就能逐漸走上修行正道，然後經過五十二個階梯就能達到彼岸，即佛的境界。看似漫長，但只是我們的一種感受。

在理上說，宇宙當中，從真如或者真空這個角度來講，時間、空間其實只是一個概念，而且只是我們作為人的一種局限束縛，是假象是虛妄的。雖然我們現在認為，經過無數劫後才能修成佛，我們覺得非常漫長，但是其實不然，過去現在未來都在一個點上，瞬間即永恆，永恆即瞬間。這種感覺經常會欺騙我們，我們就認為時間是真相，其實時間不是真相。

時間只是一種感覺，我們歡欣雀躍的時候，就會覺得時間過得非常快，好的時候、開心的時候時間總是不夠用，瞬間即逝；在思念的時候、悲傷的時候、煎熬的時候、痛

苦的時候，時間感覺特別漫長，度日如年。所以這是一個假象，只是我們心的一種功能，是受想行識中「受」的功能。我們學佛其實就是要控制我們的心不被外境所牽引，不要執迷進去；對時間、空間的概念也是，我們不要執迷進去。

所以，修佛可以說都是即身成佛，一悟即是佛，一迷即是凡夫。然而，一悟可能就是千年，一迷也可能就是億年。一本身就不是二，一本身就沒有分別，一這個概念是多長時間？是一秒鐘、一分鐘、一瞬間，還是一千年、一萬年、一億年，都是一。一悟即成佛，在佛境界中，無餘涅槃的狀態下，那一悟可能就是常樂我淨、是亙古，可能就是億億萬萬年、億億萬萬劫；一迷可能又是萬萬億億年，又是亙古的迷，就是凡夫。所以，「一」是沒有時間長短、沒有空間大小的概念。

接著來講第八度、第八波羅蜜，叫做願波羅蜜。前面我們已經講了七個波羅蜜、七種大智慧，現在講的就是修佛不可或缺的第八種大智慧，願。所謂大願，這是成佛所必不可少的、必須有的，沒有大願永遠都成不了菩薩，永遠都成不了佛。從現在初發心的狀態，即現在是凡夫，我起心動念想修行了，這就叫做初發心，剛剛開始要發心。

我想修行的意思是，我知道我現在是凡夫、是迷人，然後我想脫離凡夫的狀態，或者我想脫離迷人狀態。

初發心其實也是分層次的，有世間的初發心，有出世間的初發心。世間的初發心，其實我們經常會發心，想發財，想財務自由，或者想有終身的幸福，想情感完美，或者想身體健康，或者想做官為人民服務，這都是發心，但都是世間的發心。還有出世間的發心，即所謂脫離了世間就稱為菩提、發菩提心，此即謂出世間的發心。菩薩道、佛道出了世間，我發心要做菩薩、要成佛，這樣的發心即為出世間的發心。菩薩和凡人有何區別？所有菩薩的共性是利他、利益眾生，這就是菩薩；凡人就是為自己，得財富是為自己，要當官是為自己，要健康是為自己，要幸福也是為自己，要修行也是為自己。

那麼，何謂為自己修行？凡人覺得世間都是苦，三界如火爐，他不斷的在這火爐中煎熬，他要跳出火爐，他是從苦中修，看見娑婆世界皆是苦，三界內都是苦；即使修到天人的境界，好像得安樂了，但安樂也是短暫的、不長久，因為當天人福報享盡的時候，他也一樣會落入地獄的火中，會落入到三界之苦中倍受煎熬，天人只是在三界的烈火中有一小塊棲身之地，也不是能夠長久待著的，躲不

過去，有可能休息幾分鐘，還沒等到身心清涼，就又落入了四惡道，落入畜牲之苦、餓鬼之苦、地獄之苦、修羅之苦中，所以樂少苦多，樂是瞬間，苦是長久。

有些人看到了這一點，就生出了脫離心、出離心，要出離三界火爐，所以他發誓要修行，要發奮修行。其實他也在修十度，也在修布施、在修持戒、在修忍辱、在修精進、在修禪定、在修智慧般若，然後他也修方便法門，也要有願。但是他的願就是自身離苦，這種也稱為世間之願。雖然他發的是修行之願，但這並不是菩提心，而是世間之願。如此修的最高境界能修成什麼？做人如果想在世間發達，他可能修富，可能修貴，修成大富大貴，而最高境界就是修成世間的轉輪聖王，也就是世間的領袖、世間的國王皇帝。如果他想脫離三界，後面就能修成阿羅漢果位，這個願即所謂小乘。為何叫做小乘呢？因為他只為自己。

所謂乘就像船一樣，凡人為自己打造的船很小，小到只能裝的下自己，所以叫小乘。他不為別人，即不去想別人，別人成與不成跟我沒有關係，我得把自己先修成，因此得到的最高果位也就是阿羅漢果。阿羅漢果也能出三界，但是最高就是阿羅漢，永遠都修不成菩薩，僅是自修、自練、自度，自己把自己度了，這就是小乘阿羅漢果。

出世間的願，我們指的是，直接入菩薩道。怎麼能入菩薩道？就比如成為四大菩薩，出世間菩薩無數，與中土眾生最有緣的就是四大菩薩，觀世音菩薩、地藏王菩薩、普賢菩薩、文殊菩薩，其實還有大勢至菩薩，這些都是跟我們緣分非常深的。四大菩薩的觀世音菩薩，道場在南普陀，是大悲菩薩；地藏王菩薩，道場在九華山，是大願菩薩；普賢菩薩，道場在峨眉山，是大行普賢；文殊菩薩，是大智菩薩，道場在五臺山。四大佛教名山，各有一位菩薩的道場。中土眾生修菩薩道，修的就是四大菩薩，分別代表著悲、願、智、行。

　　觀世音菩薩代表大悲，大悲的意思就是拔眾生之苦，滿終生之願為大慈，即所謂大慈大悲觀世音菩薩。代表悲即是指觀世音菩薩發的最重要的願，是拔眾生之苦，使末世眾生得安樂，所以這就是觀世音菩薩的本願。

　　大願菩薩是地藏王菩薩。地藏王菩薩的本願，是度盡地獄受苦的眾生，祂發了個大願，地獄不空誓不成佛，即要把所有的地獄眾生都救度成佛，如果不把地獄度空了，他就不成佛，此即謂之大願，所以地藏王菩薩現在還沒成佛，現在還在度，何時能度完也不知道，但是他發了這個大願。正所謂我不入地獄誰入地獄，這就是大願菩薩、地

藏王菩薩。

　　與觀世音菩薩有何不一樣？觀世音菩薩是尋聲救難、尋苦救難，不管是地獄眾生，還是陽間的眾生，或是六道輪迴裏的畜生、餓鬼、惡魔、妖，只要有苦，觀世音菩薩就起慈悲心來救度你，在祂心中沒有壞人，只要說我苦，觀世音菩薩就會尋聲而來，你知道自己苦就好。為什麼天下還有那麼多的妖、那麼多的魔和那麼多的鬼，因為他們不覺得自己苦。

　　魔，我們看著都已經變態了，都已經成偏執狂，但是魔自己很樂，魔還覺得自己走在佛道上，都覺得自己很厲害，有大神通，自己執著成魔了他自己並不知道，他很樂，沒有苦。

　　觀世音菩薩如果到魔面前問一句：「我救救你吧，你太苦了！」

　　魔說：「應該是我救你，我看你才苦，我是樂的。」

　　所以，無論魔、餓鬼、畜生、修羅都有自己的樂，畜生也有畜生之樂，修羅有修羅之樂，餓鬼有餓鬼之樂，地獄眾生有地獄眾生之樂。然而，他們的樂都是不究竟之樂，是帶著煩惱之樂。為什麼我們會感覺他們這麼苦？因為我們只看到了他苦的那一面，沒看到他樂的那一面，比如餓

鬼，我們看著他怎麼總是吃不飽，大肚子怎麼填都填不飽，那種餓相，天天看到什麼都吞食，感覺這也太苦了，根本吃不飽，這樣太煎熬了。我們看到的是這個象，但是對於餓鬼並不覺得苦，它在吞噬一切的時候，貪心就起來了，貪心一起而得到的那一瞬間他是樂的，而且樂此不疲，見財吞財，見好吃的吞好吃的，見色吞色，能得到睡就吞睡、貪睡。就在貪的過程中得到的那一瞬間是樂的，得不到的大多數時候都是苦的，他的肚子不是因為吃不著而餓，而是他貪欲無窮、欲壑難填，是無底洞，已經吃掉很多很多了，還沒有飽的感覺，還在不斷的填充，這個狀態其實就是貪欲過度，所以成了餓鬼。

其實，無論餓鬼、修羅、地獄眾生、畜生，並不是死了以後到那個境界才變成那個樣子的，世間沒有一個地方叫做地獄，在海底、在地球深處都沒有。其實地獄、天堂都在我們心中，所有的六道都是指我們活著的時候就已經在六道之中了，死了以後也在六道中，就沒變過。意思就是，一個人活著的時候，可能就已經是地獄眾生了。地球上多少人，活著的時候備受煎熬，備受感情的煎熬，備受病痛的煎熬，備受失眠的煎熬，而他在煎熬中時就已經是在地獄中，並不是死了才下地獄。活著的時候就在地獄中煎熬著，如果心性沒變，沒能把自己解脫出來，那死了以

後，不管是生成動物、植物、還是人，不管生成什麼，煎熬的本性還是沒有變，整體的狀態就沒變過，一切外境都是隨著心在變，心不變就永遠都在地獄中。

所以，十八層地獄是什麼意思？心頑固不化就是不變，盯住一點之後，撞上南牆也不回頭，因為不變所以在十八層地獄中永無出期。其實，沒有人把他抓到十八層地獄裏讓他受苦，都是自己進去的，結果怎麼拉也拉不出來，其實就是這麼回事。而發願要救度地獄眾生的，其實就是地藏王菩薩。

普賢菩薩即為大行菩薩，真正的修行特別刻苦，走在修行之路上，堅韌不拔，這就是大行普賢。然後是大智文殊，揮智慧之劍斬貪嗔癡三毒，普賢菩薩即稱為大智菩薩，修的是大智慧，祂能導人向智慧。

因此，四大菩薩是怎麼來的？其實就是根據祂發的初心，發的初心亦即是菩提心，然後發了大願，即是菩提願。而菩薩之菩提願和普通的凡人之願，不同之處就在於菩提願是利他、利益眾生，因此才稱之為菩薩，才能上升到菩薩道，最後修得的果位要高於阿羅漢，這即是大乘。所以，願亦分為有世間願、出世間願。後面想成佛，就是要度盡天下眾生，才可以成佛。有一個眾生沒被度，也成不了佛，

所有的眾生都度了祂才能成佛。

所以有人就疑問了，「老師，那度得完嗎？肯定度不完吧？就像地藏王菩薩要度盡地獄眾生，地獄眾生祂都度不完，何況所有的眾生，那能度完嗎？」

度不完就不成佛。所有的眾生全度了，一個都不差，然後祂才能成佛。

又問了，「老師，這不就是無限期了嗎？」所以，你還覺著時間是真相。這都得破。

從因果的定理定律上講，有因必有果，不昧因果，即因果是變不了的。我種什麼因就得什麼果，這是變不了的，種善因得善果，種惡因得惡果。但是大家要清楚，因果的定律是我們中土有的。中土強調因果定律，其實在西方並不講究。因為西方的宗教不講究因果、輪迴，他們不認輪迴，不認為死後還能重新投胎，還能再怎麼樣，他們只講究當世。因為基督教不認輪迴，他們講的是信上帝者得永生，不信上帝者直接入煉獄受煎熬，那就沒有輪迴了。還想要輪迴，還想再給我個機會下一世我再做人？沒有機會。西方的宗教基本上不講輪迴，這一世當下就得信上帝，信上帝者死後上帝直接接到極樂天堂、伊甸園，然後永恆的享受樂；不信上帝者，死後直接入煉獄，煉獄即所謂永無

出期，就在裏面受煎熬。沒有輪迴，不可能再給機會。

只有我們中土的宗教再給機會，講究輪迴，這是我們中土的普遍概念。我們信輪迴，所以這一世別做壞事，做了壞事這一輩子把你抓進監獄，你死以後下一輩子入地獄更可怕，地獄審判罪越重判的越重，最重的罪是無限期，即打入十八層地獄，永世不得翻身，多麼可怕！所以，我們就守著清規戒律，守著最基本的道德準則，不敢犯錯，就怕來世受苦、受報。

常會這麼說：「你如果不積福德，就會像路邊要飯的人、流浪漢、被拐賣的人、受苦的人，都是因為上輩子做了壞事，惡有惡報！這就是因果。」

一個輪迴、一個因果，兩者構成了中土所有宗教最基本的概念。

當然有人會問：「老師，不是一切唯心所造嗎？那因果到底是心造的，還是本來就存在的呢？」

要是從那個角度來講，一切皆空，因果也是空，但是同時又講了因果不昧，就是你任何微細的起心動念都是因，最後一定都會形成果。到底是怎麼講的？其實這就是入世和出世的概念不同。這是什麼意思呢？因果本空，本質上是空，但也不可以直接認為就是沒有、就是空的。因果還

是一個實有，但是有空性和空理在。不能看著一座樓房是在，我就非說它是空的，它就是沒有，也不能這樣自欺欺人。本性、本質是空的，但不代表其本身就是空的，萬有當中有真空之理，不能把萬有當成實實在在的，要透過萬有去悟真空之理，才能昇華、才能超越。

　　但是當你沒有昇華、超越的時候，還是看著萬有是有，看著建築物房子就在那兒，一摸它就在那兒，如果它倒塌了、砸下來了，你不跑還是會把你砸死。為什麼它是虛的、它沒有，還能砸死我呢？其實是你堅定固執的認為它有。雖然你的意識上已經知道它是無、是虛的、是妄想出來的，但其實你內心的最深處、最精細、最精微處，還是堅固的認為它有，所以它倒塌的時候，能砸死你。如果你從最精微處、最本心處已經悟到了空之理，不僅悟到甚至能證到空之理、空之性，那麼樓房再倒塌也砸不著你。但是你能證到嗎？所以理、悟、證，即理解了、悟到了、證到了，完全不是一回事。

第二節
繩索自捆自己解脫證悟放下
發心立願修行次第佛在身邊

　　沒達到證到的狀態時，你還得受客觀規律的左右，你脫離不了，就像你的身體被繩子、鐵鍊捆得緊緊的，而且越捆越緊，這叫五欲之繩、六塵之繩。五欲就是五大條鐵鍊，外六塵內五欲，就把你緊緊的捆死在那裏，你特別的難受，想解脫。明白這個理，知道繩子和鐵鍊是我的心生出來的，沒有外人捆著我，是我的心生出了五欲，即生出了五大條鐵鍊，生出六塵，即生出六大繩索，捆著我。其實，從本性上，其性本空，就是沒有鐵鍊和繩索，我理解、我明白沒有，但我怎麼能破呢？沒有任何一個外人，能夠幫助我把鐵鍊、繩索解開，我想掙脫、我想自由、我想飛天入地，我都做不了，因為五條鐵鍊和六大繩索把我緊緊的捆著，我特別的痛苦、特別的煎熬。有的時候感覺我在水裏、在海裏，有的時候感覺我被扔到了地獄的烈火當中，我特別的煎熬，我想擺脫，怎麼辦？我知道佛菩薩說過外人不能幫我解，祂可以點化我，點化就是告訴我這個理，繩子和鐵鍊其實都不是外面的人綁的，而是你自己綁的。

五欲是哪五欲？即財色名食睡，這是五大鐵索。就是放不下財，貪戀財，這就是第一個大鐵索，你要放下財，但要清楚放下財可不是不要財，真正放下了財，即是放下了對財的執著，這條鐵鍊自然就消失了。還有一條鐵鍊即色之鍊，即異性的吸引、那種原始的本能，你要放下、不執著，而放下不等於沒有、不等於排斥和否定，也不等於視而不見，真正的放下是於境離境，一旦放下了對色的迷戀和貪，這條繩索就會消失。還有一條繩索即是名，放下對世間虛名的追逐與貪婪，這條名之鐵鍊就會消失。還有一條鐵鍊是食，放下對世間美食的貪婪與執著，這一條鐵鍊就消失了。還有一條鐵鍊叫睡，放下對睡的貪婪與執著，這條鐵鍊就消失了。所以，這五條鐵鍊、五大繩索是你自己給自己的。

　　佛菩薩所起的作用就是告訴我們，我們的痛苦、煩惱、煎熬是自己帶來的。既然是自己把自己捆上了，也只能自己把自己解開。我知道這個理，知道這是怎麼回事，但是我心裏就是放不下！財，我還是覺得有財挺好，有錢多好啊；色，我更動心，那是自然就動心了，我放不下啊；名，我也要；食，看到好吃的還是不要命；睡，我就想睡到自然醒，我不想半夜起來打坐、修煉、精進，就想能好好睡一覺太舒服了、太幸福了！我們放不下。

就算知道這個理，知道只要放下，大繩索、大鐵鍊就打開了，就自由了，就解脫了，但是我就是放不下。理上明，只是知道理，鐵鍊還在鎖著；而悟的狀態是真的認識到這個理了，僅僅知道理是最表面的，悟到即是心中感悟，原來真是這麼回事啊；但是悟到了還沒有解脫，必須得是證到的時候，豁然就放下了，證到的時候就是真放下了，五大鐵鍊、六大繩索瞬間徹底消失。理、悟、證，那是需要過程的，這就是我們修行的過程。所以，這就是《六祖壇經》裏面講的「禪」，我們講禪，就是在講最高的理，就是告訴我們，放下直接就解脫了，大繩索就不捆著你了，你就自由、解脫了，就大自在了，就成菩薩了、成佛了。然而怎麼放下呢？

整部經書其實都在講這個，「放下了就成了」。我們把《六祖壇經》全都悟透，看明白了，但是為什麼我還是這麼痛苦？煩惱怎麼還在？而且好像越來越煩惱？這就說明你只有理上解的過程，理上明了，理解了，但不等於你真證悟到了。理解的意思是，在意識層面分析以後，認為他說的對，即謂理上解。也不是所有的人一聽《六祖壇經》都能在理上解，很多人、甚至絕大多數人是不認同這個理的。認為都是胡扯，「誰說是這個理，一放下我就成了？是誰綁著我？我的命是閻王爺管著的。因為我上輩子做壞

事了，這輩子閻王爺要懲罰我，我就被判刑了，所以我生在這樣一個家庭，媽媽不愛我，爸爸特別暴力、特別粗魯，那是我這一世在受刑、在受苦。」

要是放不下這些，就根本不認一切唯心所造，不認你的命運是你自己安排的，這就是理上都不能解，而且絕大多數人都不理解。

還有人說：「我的命運我怎麼能安排呢？我都是上帝造的，上帝不僅造了宇宙，造了世界，我也是上帝造的，我就是上帝的羔羊。我怎麼能是上帝呢？」

要是信基督教，信西方的宗教，就根本理解不了這個理。

我們所講的禪宗、佛法告訴我們的，一切唯心所造，這顆心就是我們的上帝，但這個上帝不在外面，是我自己最本性的我、最本體的我，就是我的上帝，其他的一切都是虛像，都是心投射出來的，是這個理。

但是，西方基督教信的上帝，是人格化的、是外面有一個無所不能的上帝，創造了整個宇宙，創造了人本身，這是完全不同的兩個概念。西方的基督教徒如果來學我們的禪宗，是絕不會認可的，學我們佛法也絕不可能認可。

他們會說：「我自己怎麼可能是上帝，太狂妄了！嚇死我了！我這不是污蔑上帝嗎？不是誹謗上帝嗎？上帝要是聽見了，不更得懲罰我嗎，不得直接把我扔到無間煉獄裏，永世不得翻身啊？誹謗上帝那是多大的罪啊！」

　　所以，他們覺得外面有個人格化、無所不能的上帝，就絕不可能認同佛法的理。因此，從理上解，都不是所有人能理解的，理上不認同、不認可，那觀念就可能完全不一樣。而且從理上解還是最粗淺、初級的，理上解亦即是意識上解，但是還有潛意識。我的構成是一層一層的，最粗淺的層面就是分子結構的意識，分子結構層面的我能理解了、認同了，但是小分子結構的我，即原子結構、電子結構、質子結構、夸克結構的我，可不一定認同，即是深層次的真我不一定認同。那麼，從理上解就相當於分子結構的我認同了，小分子結構的我、即微觀的我不認同，就是沒悟。僅僅理解不行，還不是悟，必須小分子結構的我、整個深層次的我都認同了，才是悟了。

　　而所有的我全都認同了，即所謂證，只要有一個層面的我沒有認同都不能稱為證。一個層面的我認同了就悟了一層，更深的一層再認同，就又悟了一層，如此無數的小悟，綜合而成大悟，而無數層的大悟最後達到了證悟、大

徹大悟。也就是全部的我都認同了，我就證悟了，這時候捆綁自己的繩索立刻就解脫了，然後即是超出三界外，不在五行中，瞬間就從六道輪迴的三界煉獄中掙脫，任何繩索都瞬間沒有了。

所以，理是理，但修是一個過程，我們講《六祖壇經》最忌諱的是什麼？就是只講這個理，其實沒有那麼多最高境界的理可講，最高境界的理就是那麼簡單，如何達到最高境界其實只有一句話，即「不思善不思惡」，也就是放下，放下執著與妄想，成佛作祖全在我自己，大自在菩薩就是我自己。

但是，這僅僅是理，如果任何一位高僧大德為大家講《六祖壇經》，只講這個最高之理，兩句話就全講完了，那也不可以。只是聽完《六祖壇經》有幾個人是直接開悟的，有幾個人直接是證悟，即證到了、當下就解脫了？必須得是大徹大悟、明心見性，那樣當下就解脫了，當下就大自在了，但是有幾個人做到了？不能這樣講經說法。

把最上乘的理簡單的告訴大家以後，其實最重要的是告訴大家如何起行，即從理上解了以後，怎麼能夠實現一層層的悟，最後又如何做能夠達到證，證到了我才真正修成了。必須把這個過程給大家講清楚，因為大家還都是凡

夫，還是初發心的初級菩薩。何謂初級菩薩？因為你發了菩薩願，所以未來一定會是菩薩，但是你現在還是凡夫，所以稱你為凡夫菩薩、初級菩薩，鼓勵你一下。就比如，一個只有三歲的孩子，立誓長大以後一定要成為博士，如此即是立了願，而此時只有三歲還什麼也不是，當然現在可以先稱呼他為未來的博士、或者小博士，但要清楚現在還不是博士，初級菩薩就相當於這個意思。

初級菩薩就是最正常的凡夫。多數人現在聽經、看書，基本上是剛剛開始有心，還不知道怎麼走，不知道如何行，結果開始直接就聽《六祖壇經》，如果不把整體的階段性講清楚，從三歲開始，以後如何能成為博士，中間要經過多少學習，不講清楚就會渾渾沌沌的天天說：「我要當博士！」還沒有明師帶領，沒有按照階梯一步步走上去，那永遠都成不了博士。修行是有階梯的，要知道自己現在在哪個位置，然後把最高的目標得先定好。

有同學說：「老師，我不用定，我直接就往前走。」

那不行，往哪兒走？眼前有千千萬萬條路，往哪條走總得有個方向，現在再小都沒問題，但是只要發心往前走，方向就是第一位的。在一個正確的方向指引下，哪怕這條路走得再艱辛，還是走向那個方向，最後就一定能達到終

點，只要堅持下去，只是走得快慢而已。但是，如果沒有方向，這一生就會在原地打轉，永遠都不會有進步，也不會昇華。沒有方向就是一個盲人，盲人也可稱作迷人，即是迷在濃霧當中，不知道往哪兒走，前面既沒有燈塔也沒有路。

　　我們現在聽經的基本都是盲人、迷人，即使有的人已經修了幾十年了，可能依然還是盲人，因為修了幾十年，是按照正確的路徑在修嗎？是按照正確的階梯在走嗎？修的是正道嗎？如果沒有按照佛設定的正確階梯與路徑走，即使已經修了幾十年，也都是在原地打轉，信不信？沒有離開原地一步，就是一直閉著眼睛，以為自己走了很遠，但其實就在原地打轉，因為修的不如法。

　　在此講願波羅蜜，其實就是在為大家講清楚這個問題，即修行的次第，這就是願。真正要修行，有哪幾個次第是必須的？一共有四個次第。第一是發心，第二是發願，亦即謂立願，第三是修行，第四是證果。初發心的凡夫，未來要想走向佛菩薩的境界，要得到佛菩薩的果，就必須按照這四個階段來修，缺一不可，而且順序不可以亂。首先是發心，不發心就沒有動力；而後是立願，不立願沒有方向；而後是修行，不修行永遠達不到，你有了動力和方

向，但是不走路，永遠也到達不了終點；修行是過程，證果則是結果，即最後要達到證果，一定是前三個都按照正確的方法做到了，那麼早晚會得到證果。

　　發心前面已經講過，有世間的願心，也有出世間的願心。活著就要有動力，活著就要不斷的給自己立目標，即發出的心很重要，發多大的心就有多大的動力，發小的心有小動力，發大心有大動力。世間凡夫經常在發心，想賺錢是發心，財富要先自由，解脫生存的危機；當生存差不多了，就能成家立業了，我再發心要成家，有個幸福美滿的家庭，要繁衍我的後代，這就是世間的發心，在世間做功德、做利益、做事業，發的都是世間心，人就朝著這個方向努力。

　　然而，發心不等於立願，有的人只是發心，但是並沒有願，心和願又是兩回事。願是方向，發心是有動力，只發心而無願，就是有動力沒方向。人們天天發心，但天天發心又沒有願，就會有動力的原地打轉，跑得可能飛快，天天加班加點，天天特別充實、特別勞累，但只是在原地打轉。也許能賺到錢，也許賺不到錢，也許有正常的家庭生活，也許沒有，這種狀態就是發心。

　　而我們修行人應該發什麼心呢？修行人發的心稱為菩

提心，菩提心就是菩薩心，我們先不論佛心，佛心是本體，悟到了本體即無所謂發心不發心了。而菩提心即為菩薩心，我發心要成菩薩，因為斷煩惱，所以菩薩是大自在，真正斷了煩惱才是菩薩。而我發了世間心，要有財富、要有幸福、要有健康、要有平安、要受人尊重，這些都能得到，但是即使得到了財富，也不可能斷煩惱，也許財富來了煩惱更大；也許得到了幸福，要到了家庭，煩惱卻隨之而來，甚至是更大的煩惱隨之而來，這就是世俗心，即所謂有漏之心。

菩薩發出的則是無漏之心，是以斷煩惱為標準的，但是並不排斥、不否定會有財、有官、有福祿、有健康、有長壽、有平安、有幸福、能繁衍，這都不是對立的，但是菩薩發出菩薩心最後得到的是菩薩果，即世間的一切我都能得到，但是還沒有煩惱，這才是菩薩，才是真正的自在。

世間發出的心就是要發財，天天參發大財了我怕什麼，但其實發了大財以後怕的東西很多。沒財的時候煩惱，煩惱我為何沒有錢，很多事情都不自由，想旅遊也去不了，想買奢侈品也買不了，想住好房子也住不了，想吃好一點都吃不了，各種煩惱很多。然後就把心放在哪兒了？完全放在了賺錢上，要發大財。天天參話頭，大財來了以後我

怕什麼？其實無窮無盡都參不完，信不信？因為心完全在發財上，再怎麼參話頭，財來了也會帶來無窮無盡的煩惱，因為這個財即是由雜心、邪心得來的，只是為了發財而發財，所得的財本身就不淨，而雜心和邪心所得的、不淨的財一旦來了，一定會帶來無盡的煩惱，甚至是禍害、禍患。

多少大富豪發了財以後，享受不了幾年，就有牢獄之災等著他，後半生就在牢獄中度過了。這就是問題所在，因為只是盯著世間的財，或者只盯著世間的幸福、世間的情感、世間的繁衍，這些本身就是有漏的，發的就是有漏之心，還沒有願，然後就開始做，最後得的果一定是有漏之果。而有漏和無漏有何區別？有漏，即是得到以後帶來了煩惱、無盡的煩惱，而且得到越多煩惱越大。現實中的大富豪很有錢，好像實現了財富自由的果，巨大的財富向他集中的果實現了，但是有幾個沒有煩惱的，有幾個不是財越大越害怕，天天睡不著覺，無數的保鏢天天跟著自己和家人，稍有不慎、稍有疏忽，家人被綁架，自己被謀害，這就是有漏之果，即使得到了也不是佛菩薩所得之果，也不能稱為證果。

我們想要一個蘋果，終於得到了，但是要清楚得到這個蘋果是毒蘋果，即是有漏之果。想要一個蘋果，結果來

了十個、來了一百個，好像歡欣雀躍，感覺太好了，就開始吃，一口吃下去就中毒了，結果還吃了一百個，身體被毒侵蝕的千瘡百孔。此即所謂有漏之果，吃得越多越貪婪，身心受到的傷害就越大。所以很多富豪或高官，有錢有權了，就有無數的女人來依附他，還生了很多孩子，好像在這方面得到了果，但是後患無窮、煩惱不斷、災難不斷，因此得到的、吃的就是有毒之果，即所謂有漏之果。這就是世間法，發出的是世間心。

我們勸導大家學佛，不是讓大家離開世間，不是讓大家視金錢如糞土，不是不允許大家發財、不允許大家當官、不允許大家有幸福、不允許大家繁衍後代，不是那個意思。而是世間五福，一樣都不少的我們都要得到。但是一定記住，我要得到的一定是無漏之果，要得到的蘋果一定是新鮮的、營養豐富，只會不斷補充我的營養，使我受益，甚至我的子子孫孫都能一直吃下去，而且越吃越受益、越吃越圓滿、越吃福報越大的，不會給我帶來煩惱、痛苦、煎熬和災害的果。學佛之後，我們賺的錢是純淨的、可傳承的、對我對世間都有益的，我們發這樣的財；當官也是受萬眾愛戴的、子子孫孫都能傳承下去的、沒有任何後患的、沒有任何煩惱的官。

而在世間我們看不到這無漏之果。世間的人，得財的都帶著煩惱，當官的也都帶著煩惱，因為他們根本不是走修行正道而得到的這些東西，從發心到立願，再到整個得到的過程，都是邪的、都是偏執的、都是有漏的、都是雜的、都是被污染的。在開始發心的時候就帶著污染、帶著毒害，如此越是修，毒越是深深的藏在每一個蘋果的最深處，表面看似光鮮靚麗，其實已經完全被內心的毒污染了。這樣的蘋果人吃多了，必然就會有無盡的煩惱跟隨著他，在得來的財富中就帶著煩惱，官職中就帶著煩惱，所謂的幸福美滿中就帶著煩惱，看似子孫繁衍、繁盛中就帶著煩惱，從根上就帶著煩惱，就帶著毒，所以越積累、果報越大，毒害越深。

　我們要修佛，要修佛法，首先一定不排斥世間的五福，不排斥擁有巨大的財富，不排斥當更大的官，不排斥擁有幸福美滿，不排斥子孫後代繁衍興盛、天倫之樂；但是，所有得到的果報，一定都是純淨的果報、福報，不會帶來煩惱、不會帶來毒害、不會帶來劫難、也不會給子孫帶來煩惱、毒害、劫難、這樣的果，才是純淨之果、正道之果、菩提之果。修行出世間法，但是不離世間覺。我要昇華，要脫離三界，不代表三界的一切都要捨，都不要了，於境離境不代表要把境都破掉、都扔掉，而是我得到的果報、

大福報、大福德、大福慧，一定都是不帶煩惱、很純淨的，這才是我們修佛、修佛法真正的意義和作用所在。這是我們的一個目標，不然我們為何要修佛法？

有人說：「老師，我就是為了成佛而修佛法的。」

你為什麼要成佛呢？做人不是挺好的嗎？佛有什麼好呢？我們脫離了人去談佛，這就是一個謬論，好像佛就不是人，好像佛已經是脫離了人，是一個大神仙昇在空中，變化萬千、光輝偉大、放大光芒、無所不能、神通廣大，好像這才是佛，其實這才不是。佛即是覺悟了的人，是按照正確的方法修行，最後達到覺悟狀態的人。佛就是一個人，但是他福報圓滿、福慧雙全，有巨大的財富，五福俱全，但是沒有一絲的煩惱。佛的常樂我淨不是脫離了世間，而是就在人間。

真正的佛其實就在我們身邊，也許就是我的好朋友，可能擁有巨大的財富，可能是很大的官，可能擁有非常美滿的幸福，子孫特別乖巧，特別的天倫之樂，這些都有，但是人家沒有煩惱、清清淨淨。既不受巨大財富的牽引，不執著於其中；又不被家庭所牽引，不執著於其中；也不被子孫所牽引，不執著於其中，能夠超然於世外。這在我們身邊就有、就是佛，就是我們追逐和嚮往的、要達到的

境界。

　　歷史現實中，比如范蠡就屬於這樣的一類人，擁有巨大的財富、富可敵國，而且可以幾年之內、白手起家積累起來，但是又不被財富所牽引，不為財富癡迷，一旦看到財富要起負面作用的時候，立即散之於民，即所有的財富取之於社會，還之於社會，然後換一個地方又白手起家，很快又聚了巨大的財富，還是不被財富所牽引。如此，財富只是他的工具，沒有給他帶來煩惱，反而給他帶來了世人的尊重，使他得到了世間的美名，一直流傳到現在，成為人人嚮往和學習的商聖。既不被財富所牽引，也不被情感所牽引，最後抱得美人歸，與西施白頭偕老。而且他的子孫後代繁衍生息，至今昌盛不衰。這就是佛，就是現實中的覺悟者，就是在世間修行的榜樣。

　　所以，我們要想修行，要想修佛，不是要修成神通廣大、光芒萬丈的、虛空當中的一尊大佛，那不是佛，那是走偏了，那是個魔飄在虛空中、神通廣大、無所不能。魔一定是脫離了人道，脫離了常人，所有的神通再神奇也都是魔。想修佛道，其實真正的意義就在這裏，不離世間覺，就在世間修，在世間得福報、得清淨圓滿的福報，就是這個意思。清淨即是不帶毒，純淨又營養豐富，越享受福報

就越開心，不會因為有這些大福報而煩惱。修行就是要實現這個目的，聽著俗其實不俗，真就在俗中，真諦、俗諦就是這樣。真在俗中，借假修真，有了真以後我就看透了假，不執著於假，這就是修行。

因此，修行一定要按照這四個階梯走上正路，先是發心。如何得到世間的福報之果，是清淨、圓滿的、沒有毒的？從發心開始就要走上正路，發清淨心，發菩提心。如何發菩提心？即我還是一個普通人的狀態時，是凡夫的時候，想走上修行之路，我就要發菩薩心，我立的願就是菩薩願，所以行就會走向菩薩道，這即是發菩提心，立菩提願，走菩薩道，最後方成菩薩果。菩薩即是大圓滿、大自在，既圓滿又自在。現在的世人是圓滿不自在，越是福報大、得到的越多，毒害就越大、煩惱就越大，甚至把無盡的煩惱都帶給了後代，一代一代的都因為巨大的財富而煩惱，看似是享樂，其實內心煩惱。

因此，發菩提心很重要。然而，如何發菩提心、立菩提願、行菩提路、修菩提行，最後達菩薩果？菩提心就是菩薩心，前面講了菩薩和凡夫的不同，菩薩和阿羅漢有何不同，菩薩是大乘，修的是廣大圓滿，是利他、利益眾生。發什麼心就得什麼果，我想賺很多錢，就是為了自己好好

享受，這就是凡夫心，即所謂有漏心，而不是菩提心，這稱為發財心，如果發出這個心，就會得到有漏之果，亦即是有毒的果，最後就會煩惱不斷。如果發的是菩提心，我之所以賺這麼多錢，不是為了自己的感官享樂，不是為了自己的財富自由，不是為了自己生活的更奢侈，不是為了自己住好房子、開好車，不是都留給子孫讓子孫生活無憂，而是為眾生著想，為了利益眾生，要做利益眾生的事業，發出這樣的心，就稱為菩提心。在菩提心的指引下，再立菩提願。

第三節

八十一難立願修行必經過程
苦樂參半共願別願起修正道

所謂十度三行，十度中每一度都有三行，願度也有三行。願度三行，第一是求菩提願，即謂自求佛果；第二行是利眾生願，即利益一切眾生；第三行是外化願，即對外度化有情，有外化就有內，我們向內求尋回自我，找回內心的真我，對外度化有情諸眾生。

這就是願度三行，首先求菩提願、自求佛果，即首先要發正願，在發菩提心的基礎上立正願，我的目標是要圓滿，至少先成菩薩，再成佛，即所謂自求佛果。第二行，即為什麼我要成佛果、做菩薩？是為了利益眾生，為自己的就不是菩薩，最高修成阿羅漢，即是小乘。然後第三行，為什麼要做菩薩、要成佛？還要行外化願，即外化有情，對心以外、身以外的我都要度化，植物、動物皆是有情，我都要度化。從儒學來講，即謂平天下，讓天下太平安康、天下平安快樂，常樂我淨，得發出這種願。

我們做到發菩提心、立菩提願，發心發願有了動力、有了方向，在這個基礎上之後就是行了，此時才是真正走

上修行之路。然後即是用什麼方法修，即走上修行之路開始布施、持戒、忍辱、精進、禪定、般若、方便、願、力、智這十度，每天堅持不忘十度、走八正道、修四聖諦，這些都是修行的方法。如此按照這些方法修，就是走在修行的正路上，早晚有一天能夠修成菩薩，修成佛，只是時間長短的問題。其實慢點沒關係，要保證路是對的，保證越修越沒有煩惱。

有同學問：「老師，我看到有的修行人，越修磨難好像越大，越修做事好像越不順，越修身體越不好。這修行不是越修越煩惱嗎？」

要清楚這些並不是一個概念和道理。磨難、不順、病痛，是你看到的世間相，那可不代表煩惱。必須要清楚，不能只看到世間的表相，看到有人跟明師修佛，結果公司破產了，修行之前公司都快上市了，修行沒兩年破產了，就覺得這不是越修越差嗎！本來夫妻倆帶著孩子，日子過得還不錯，修行不到三年離婚了，孩子還病了，這修佛法修的，不是越修越煩惱嗎！其實，這就是一種錯知錯見，世間的磨難、世間的不順、世間的不幸、世間的病痛，都是你看到的，如果出現在你身上就會非常的煩惱，但是要清楚的是，對一個真正修佛的人來講，這些事情即使都發

生在他的身上，他可不一定那麼煩惱。

有人沒理解，繼續問：「老師，他都生病了還不煩惱？」

生病了，你會煩惱，可人家不一定煩惱。修佛的人，在發菩提心，立菩提願，最後修菩提行的時候，還有這樣一首偈子：「修佛之人，不求身無病，不求事萬遂，不求無官非，不求無衝突，不求無暴虐。」

可能覺得更難以理解了，「這又是什麼意思呢？修佛法難道不是應該越修身體越健康嗎，為何不求身無病呢？應該越修佛法，萬事越順遂，心想事成、一切平安、一切順利，事萬遂就是所有的事都順遂我的心願，那為何修佛的人不求事萬遂？修佛法應該越修越平安，為何修佛之人不求無官非？我修佛以後還有人告我、誣陷我、誹謗我，審判我，把我抓進監獄了。應該越求越修越和順，越修大家越敬愛我，為何還能不求無暴虐呢？修佛應該這些完全都沒有了啊！」

不是那麼回事。千萬別弄錯了，你還理解不了，其實我們還是講發菩提心，立菩提願，走菩提路，證菩提果，我們最後要的是斷煩惱。然而，不生病就沒有煩惱，就歡心雀躍，生病了就痛苦煩惱，這怎麼能稱在修佛啊？做事

時一切順利就沒有煩惱，一旦失敗了，被騙了，各種無盡的煩惱就來了。那你所謂的修佛就是，都修圓滿了、順遂了、得到了，就歡欣雀躍，不圓滿、不順遂、沒得到，就痛苦、煩惱、煎熬，這不就是凡人、凡夫嗎？那學佛是在學什麼呢？

繼續問：「老師，不是說越學佛越順遂，越修佛越圓滿，越修佛福報越大，然後就特別的舒服，身體也特別健康嗎？」

那樣修的叫魔，追求的是完美。你不允許自己不完美，不允許做的任何事不完美，不允許接觸的人、接觸的情感等方方面面有瑕疵，如此修的絕不是佛，修的就是魔。那走的是追求完美之路，也就是成魔之路。

為什麼釋迦摩尼佛祖已經成佛以後，他的族人還被外族侵略、全部被屠殺，這種事情怎麼能發生在佛祖身上呢？自己的家人都被屠殺了，他還是佛嗎？佛應該神通廣大，為何連家人都保護不了，族人全被屠殺了呢？目犍連，神通第一弟子看不下去了，用鉢把族人們保護起來，結果戰爭結束後，目犍連從天上虛空中下來，打開鉢一看族人全都化為血水，根本改變不了他們的業報，佛就此講了一部經。

佛與常人有何不同呢？族人有族人的業力，該報、該還都是人家自己的事，外人、即便是佛也沒法干預別人的業力，佛也不是什麼都能做的。佛和西方的上帝不一樣，佛也有幾點做不到，其中有兩點，一是佛不能轉他人之業力，所謂業，惡有惡報，善有善報，自己種因自己受果，佛也不可能把別人的業力轉一點點背到祂自己身上；第二是佛不能度無緣之人，佛的力量再大、看得再透，與祂無緣之人，祂也度不了。只有所謂上帝，一切全是祂造的，所以祂能轉人的業力，你只要聽上帝的話、信上帝，祂就能安排你的命運，祂可以把你帶上天堂永遠安樂，也可以把你打入煉獄天天受苦，你認為是上帝決定著你。但是，我們的宗教、中土佛法講，佛決定不了任何人，佛左右不了別人的業力，也度不了無緣之人，都沒辦法。

　　所以，唐僧西天取經，他的大徒弟孫悟空一個筋斗十萬八千里，把唐僧背過去不就成了，為什麼還在下面一步一步的走，歷盡千難萬險，經過九九八十一難才走到大雷音寺，然後還被人騙了，孫悟空的火眼金睛，為何沒看到別人在騙他師父呢？遇到妖魔鬼怪，孫悟空兩棒打死不就得了，為何還屢屢讓妖魔鬼怪得逞，每次都把唐僧抓走呢？孫悟空如此神通廣大，為什麼還要經歷九九八十一難？而且一難都少不了，最後遇到一隻老龜，還被丟到了通天河

裏，為什麼最後一難必須得經歷，孫悟空為何什麼都不知道呢？為何不背著唐僧直接飛過去，到雷音寺把經書取回來？

孫悟空就說了一句話，「凡人業力重如山，即使佛在都背不動，別說我了。」唐僧必須得自己去破，當他碰到妖魔鬼怪、經歷九九八十一難的時候，不是孫悟空有這些難，而是唐僧必須得經歷，他一難都少不了，該被人抓住的，該被誘惑的，然後看他自己的心性，孫悟空想救都救不了他。業報現前的時候，不僅是孫悟空，即使是釋迦摩尼佛祖、觀音菩薩也都沒辦法，都得靠他自己去破，因為是他自己種的因自己就得去受這個果，就是這個理。

修行路上歷盡磨難，那唐玄奘不去西天取經該多好，就在長安的廟裏享盡榮華富貴，皇帝對他很好，以兄弟相稱。為什麼還要修行？為什麼要去西天取經一路受苦、受磨難？如此豈不是理都說不通嗎？如果修行是為了福報圓滿、萬事順遂、一切平安，福祿壽、五福俱全，為這些而修反而歷經滄桑、百經磨難。其實，修行路就是百經磨難的，而不是一切順遂。圓滿順遂那是果，而怎麼能夠得到清淨之果、得到圓滿之果，必須得經歷這些磨難。

這些磨難在我們看來是磨難，我們認為太苦了，我們

的煩惱心大起，那都是我們。但是，如唐玄奘一般走在這條路上，經歷這一番磨難的人，他的心裏可不是如此。如果他認為非常的煩惱，特別的苦，那就不是在修行，而是在煎熬；那他走的就不是一條成佛圓滿之路，而是在走一條下地獄之路，越走越煎熬，越走越痛苦，痛苦得受不了，他就回來了。

其實他就是走在一條修行之路上，當他發了菩提心，立了菩提願，自願走上這條路，哪怕現實中再不隨順，現實中再有官非、再有磨難、再有劫難，那都是他修行的過程，凡人面對這些時就會起大煩惱、會有退轉心；而對於唐玄奘來講，面對這些磨難時，經過這些磨難時，他能看透磨難、苦背後的本質，他就能保持一種如如不動的菩提心，他就沒有煩惱，不起煩惱。一起煩惱即是凡夫，就墮落了。九九八十一難即是經過了九九八十一關，破自己的九九八十一知見，先生起煩惱，透過觀再把煩惱破除，這一難就解了，這是他修行的整個過程，是必須經歷的。

其實人人修行都是如此經歷，現實中的任何煩惱，都是對我們修行的考驗，不是讓你忍著，而是你真的能破。如何破？即透過四聖諦，苦集滅道。先從苦上觀，觀其本質，而後破除煩惱，即所謂煩惱即菩提，煩惱本身就是菩

提，能破掉嗎？所以，修佛之人怎麼可能身體完全健康，萬事皆能順遂，外面沒有任何官非，所有的人對他都特別和睦敬愛呢？那樣的人是天人，天人無法修行，因為他一點煩惱都沒有，他如何觀苦？如何生出那種出離心？天人太順了，無法修行，天天享福，哪有時間修行，也沒有起修處。煩惱即是起修處，煩惱使我們生起出離心，煩惱才能使我們生出利樂大眾之心。

我經歷過煩惱，我知道有多麼煎熬、多麼痛苦，所以我要在其中脫離出去，我想大眾也要在煩惱煎熬的痛苦中出離出去，如此才成了菩薩。如果我特別的開心快樂，一點煩惱也沒有，我看大眾也沒有煩惱，我現在就是菩薩，就是最開心的，一點磨難、一點痛苦、一點劫難都沒有，我為什麼還要修行，天天享受就好了，這就是天人之福報。

有兩種人是無法修行的，一是天人無法修行，福報太大沒有煩惱；二是地獄眾生也沒法修，天天受煎熬，根本無法起修，他一點都靜不下來，煩惱根深，天天受盡折磨，哪有時間想修行，沒有心思。所以，天人無法修行，地獄眾生也沒法修，只有人能修行。

人是苦樂參半，我們還有點休息時間，還能有開心快樂的時候，也有痛苦的時候，痛苦的時候我們就想起要修

行、要解脫痛苦，而開心的時候我們就開始玩樂，就開始感官刺激、生理享受，人就是這樣。只有人才能修行，就像太極一樣有黑有白，只有在這種狀態下，才可能看透世間，既有修行的動力，又有修行的時間，還有修行的福報，所以我們從人才能起修，才能發菩提心，立菩提願，行菩提路，最後得菩提果。

首先發心，而後得立願，所有的菩薩都是由願力而來，觀苦起修四聖諦，觀苦之後即把所有的苦和煩惱化成了願力，這就是菩薩。菩薩有共願，還有別願，此處即是在講，願怎麼形成波羅蜜，如何將我們引向圓滿大智慧的彼岸之路。所有菩薩的共願一定是四弘願，《六祖壇經》後面專門講了菩薩的四弘願，即是所有的菩薩沒有一個不發四弘願的，所以稱為菩薩的共願。

四弘願，第一是眾生無邊誓願度，此即是所有菩薩一定要先發的願，即為利他、利益眾生之願。我為什麼要修成菩薩，為什麼要圓滿？不僅僅是為我自己，而是我先圓滿了，然後再度無邊的眾生，讓他們也圓滿，此即謂眾生無邊誓願度。第二是煩惱無盡誓願斷，即我及眾生，為什麼要修菩薩道、修佛道？我們不是要賺更多的錢，不是要得子孫幸福、天倫之樂，這些都可以得，但是我們要得到

的所有這些都是沒有煩惱的，真正修佛、修菩薩道就是斷煩惱，此謂煩惱無盡誓願斷，在斷煩惱的過程中，我們走在修行路上。

第三，法門無量誓願學，佛開八萬四千法門，無窮無盡，我都要去學，能學就學，盡量多學。

有同學提出疑問，「老師，不是要一門深入嗎？」當然，法門無量誓願學也必是在一門深入的基礎上，一通而後做到百通，百通以後即為法門無量誓願學。不能聽了這句弘願之後，從現在開始就全都去學，一門都沒通，其他的能學什麼？就像挖井一樣，一口井堅持挖，看準一個地方我就堅持挖，不見到水我就不停。法門是無量的，但一門深入非常重要，見到水以後，法門無量誓願學就是方便的接引法門。上一章講了方便法，每一個法門都針對不同的眾生，所有的法門我全都掌握、全都會了，那麼所有不同的眾生我都能去接引，我們講究一門深入，但還有一句是海納百川。

「一門深入，海納百川」，就是這個理，其實都是一回事，一口井也能變成一個海，最後各個法門都得聚到這裏，都是一個理，都是一種接引的工具。八萬四千種法門其實就是一門，只是針對眾生的不同，其需求不同，所信

的不同，才開出了八萬四千方便法門。其實就是一門，即不二法門，所以講究一門深入，最後才能海納百川。

第四是，佛道無上誓願成。以上即是四弘願，所有修菩薩道、修佛道的，都必須首先在初心菩薩時，在初心境界時，就必須得發這個願，否則你就走向偏道、邪道，這就是共願、通願。我們修行要先發心，後立願，就是從四弘願開始立，我們要往哪個方向修？眾生無邊誓願度，立他之心；佛道無上誓願成，求菩提願即是自求佛果；煩惱無盡誓願斷，修行的方法就是斷煩惱；法門無量誓願學，這是修行的一個過程。

四弘願之外，每一位菩薩必得有其別願，別即分別。何謂別願？就是在四弘願的基礎上，在自求佛果、利益眾生、外化有情的基礎上，還有個人自己的心願，稱為別願。比如釋迦摩尼佛祖，從初發心一直到成菩薩，再成佛，有五百大願，太多了所以在此不作詳述，大家可以自己查閱；阿彌陀佛從初發心一直到成佛，有四十八大願；普賢菩薩有普賢品十大願；藥師佛十二大願，這些都是別願。每一個修行人都得有與自己相應的願，即別願。

先把願立了，知道通願，然後參出別願，修行的方向就有了，就可以起修了。而菩提心未立，就沒有動力，就

不知為何修行，這種狀態下就是在世間隨波逐流。因為自己沒有動力，你就會隨著社會、隨著人類的洪流隨波逐流，社會認同什麼、社會追逐什麼、大眾追逐什麼，你就去追逐什麼，你沒有發心，就只是為了生存、為了本能的繁衍，天天醉生夢死，有如行屍走肉，最後到閉眼的那一天，你的一生就一事無成，就這樣渾渾噩噩的過去了。

所以必須得發心，也必須得立願，發了心有了願，人生才有動力、有方向，才能走上自己的那條路。知道自己要什麼，知道為什麼要，活著才有意義，然後經過不斷的修行，你的價值才能呈現出來，這才是正向的價值。有意義才有價值，然後才可能透過艱辛努力，歷經磨難，經過九九八十一難，走到你自己的終點，才是所謂大成就。這就是透過願生起般若波羅蜜、生起大智慧，即願力生智慧。

發心不能邪、發心不能偽、發心不能小、發心不能偏，而發心必須得正，立願才能正，即所謂發心有八相，邪正、真偽、大小、偏圓。發菩提心即是正心，發利我之心即我要賺錢、我要當官、我要天下美女、我要孩子越多越好，這發的都是邪心，發心不正、發邪心最後帶來的結果就是毒，就是無盡的煩惱，就是災難；發菩提心就是利益眾生之心，即正心。

發心有正邪、有真偽、有大小、有偏圓。發心廣大即是大乘之心，救度廣大的眾生；小乘之心就是為自己，即使我不求人間的財，不求人間的色，不求人間的名、食、睡，但是為自己修行、清淨，亦即是小，小乘之心得阿羅漢果，永遠成不了菩薩道。何謂偏？即偏執，著兩邊就是偏，要嘛執空，要嘛執有，這就是偏而不圓融、有知見。因此，發心要做到這幾點，正、大、真、圓，發心立願，有動力有方向，然後就走上了修行之路，開始起行，即是從八正道、四聖諦起修，如何止觀雙修，十度得智慧，即開始修，然後經過漫長的五十二階梯，才能達到證果，即證到菩薩果、佛果，這是一條修行正路。

　　所以，願度波羅蜜，是十度當中非常重要的，這是發心走菩薩道的人，實現走上菩薩道的一度波羅蜜。後四度波羅蜜都是對菩薩道的人講的，是對發心、立願，然後走上菩薩道的，最後想證菩薩果、佛果的人來講的。如果發的心是為我自己，那我就是小乘，只想修成阿羅漢，那其修行路也是六度，也得從布施、持戒、忍辱、精進、禪定、般若，也是從這六度開始起修，但就沒有了後四度。前面六度能修成世間果、阿羅漢果，但可修不成出世間果、菩薩果、佛果。要想修成菩薩果必須是前六度加後四度，才真正能修行菩薩道，修成菩薩果，最後修得佛果。

這就是願度的重要性，願度的意義。要好好思考、好好去想，想僅是最粗淺的意識，還要好好去參自己到底有何願？想不想從四弘願修起？自己的別願又是什麼？為什麼要成菩薩？為什麼要成佛？這些一定要清清楚楚，然後才能走上一條真正的修行正路。一旦走上了正路，發心又正，動力充足，方向明確，修行起來則是非常快的。走上修行的正路，一條不偏之路，才能不入魔。

修行按照次第一步一步來，不能一說修行，馬上就開始打坐，馬上就念阿彌陀佛，馬上就修密宗、磕長頭、念咒。你在修什麼，為什麼修都不知道，說起修就起修，如此輕易起修，也就會輕易放棄。受點磨難，有點質疑，馬上就放棄了。

疑心一起，「這是我想要的嗎？不是。」立刻完全放下，然後又去修別的。

再修再質疑，「這是我想要的嗎？也不是。」又立刻放下。

如此，這一輩子就在原地打轉，這就是無發心、未立願，起步即修，即是盲修瞎練。原地打轉還好，就怕是一步走錯，萬劫不復。所以我們說，寧可千年不悟，不可一世成魔！一旦成魔，慧命盡失，到時候百千萬億劫，都聽

聞不到佛法，走不上正路，就會在沉迷中萬劫不復，那可不是小事。所以，修行從發心起，發菩提心、立菩薩願、行菩薩道、證菩薩果，這就是次第。中間還有細微的小次第，後面我們慢慢再講，講到哪兒大家就可以修到哪兒，如此即可一步一步的往前走。

第二十一章

證得佛果須有力量

力度波羅蜜引領眾生

第一節

思之力一門深入長時薰修
正知見光明利劍聞思修證

　　十度波羅蜜中的第九度是力度波羅蜜，力即是力量。我們要從凡夫修到菩薩道，修成菩薩果，中間有很多修為的階梯，要掌握正確的方法，而十度就是最基本的正確方法，諸如四聖諦、八正道、十度、十住、十常，這些都是最基本的修行方法，都得一步一步的去瞭解、去掌握。修佛，理很容易，但是在事上行這一方面，要想走上正道，要有正確的理解，找到正確的方向，其實挺不容易的。正道只有一條，邪道千千萬萬，真正的修行人，能走到正道上修行的寥寥無幾，非常稀少。而修偏了，修邪了，修成凡夫道、外道、小道的，比比皆是，芸芸眾生就是這樣。所以我們要不斷的聽經，其實就是讓我們確立正確的知見，即正知見。而正知見其實也可稱佛知見，先樹立好佛知見。

　　在文字和經典上，生出我們的大智慧，就是所謂文字般若。一切的般若都是從文字般若來，然後才是觀照般若，觀照般若即是行，即是修持，後面才能達到證悟，才能證到果，此即謂實相般若，都要先通理。真正修行佛法，不

是天天只是在打坐，天天念佛，天天做好事，天天布施，或者天天只是發善心，這都不可以，而是得先知道這個理，樹立正確的知見。樹立佛知見即八正道之首，正知見之後，一切的修行方法和路徑，都是從正知見延伸出來的，知見不正則後面的一切全都是錯的。十度即是告訴我們，在正知見的前提下，我們如何修持。

所以，正知見本身也會形成一種力量，也是一個力。所謂修佛，從凡夫到菩薩，從菩薩再到佛果，只知道理不行，還得有力量，沒有力量是不可以的。而力量從哪裏來？正知見就有正向的力量，錯知錯見、邪知邪見發出的就是邪的力量。正的力量將我們帶向清淨的佛果、菩薩道，而邪知邪見就一定會把我們帶向魔境，讓我們越修持，越著魔，越陷入深淵，越是煩惱深重，越有障礙，業障越來越強大，所以背後都是有力量的。

在此講到力量，力度也有三行。想修力量波羅蜜，想修力量的大智慧，其實也有三種方法，即是力度三行，第一是思擇力，思維和抉擇的力量，第二是修持力，修行受持的力量，第三是神通力。這就是我們在修行中要具備、要得到的三種力量，在這三種力量的共同作用下，我們就能得到力度波羅蜜，即是從力而來的大智慧。

第一思擇力，首先是思，即是聞思修中的思，即思慧，是從聞慧而來的。聞慧生成思慧，思慧又生成修之慧，即聞思修。而聞慧是如何而來？聞慧就是從我們不斷的聽經聽法、聽正知見、解讀正知見中來的。先聞，後才有思，到了思的境界，基本上就可以達到舉一反三的狀態。現實中我們要先聞，就必須得有明師點化，為我們說法，說法點化的過程就是知見形成的過程、樹立正知見的過程。但是我們生生世世以來形成了這麼多的邪知邪見、這麼多的錯知錯見，如何能夠走上正知見的路，能否聽一次講經、聽一次說法、聽一部經典，就大徹大悟了？錯知錯見、邪知邪見就瞬間徹底沒有了嗎？那是不可能的。因此，聞是一個長久熏習的過程。

　　然而六祖惠能為何一聽《金剛經》中的一句話「應無所住而生其心」，即刻幡然徹悟了呢？那即是所謂機緣到了，六祖在之前的生生世世，是千生萬世，都在正知見、佛經典上，在聞字上一直都在不斷的熏修，後面就得到了思慧。當這一生機緣到了，他幡然徹悟，證到了這個果，就得到了正慧，亦即是修之慧。所以六祖惠能是千生萬世熏過來的，就差這一點火候，僅此一層窗戶紙了，一點就破。但我們是這樣嗎？是否才剛剛開始熏？何謂熏？佛法是熏出來的，雖然有頓悟之說，但頓悟也得有一個熏的過

程，其實本來並無所謂頓悟，都是漸修，該經歷的必須得經歷。

就像一塊新鮮的豬肉，想熏成臘肉，能成為幾十年存放不壞，還能隨時可吃，又有滋味，怎麼做？即是從一塊新鮮的豬肉掛在那裏開始，按照一個過程去熏，不斷的天天熏，熏三年至五年以後，味道入進去了，整個肉的結構都變了，一點一點的把最裏面的部分都熏進味道，臘肉才做成了。如此熏一塊臘肉都得有三年五年的時間，而且熏的時間越長越久，臘肉得到的味道越濃，製作得越成功。其實修佛也是一樣。

修佛最講究的其實就是一門深入，長時熏修。與一個法門有緣，入了一個法門，不要總是換，如果總換則什麼都修不成。一門深入、長時熏修，是必須的。思擇力，思即思慧，擇是判斷選擇，而判斷、做抉擇就是一種力量，這個力量還得是從正確的思而來，有了思慧之後，我們才能有擇的力量。而且，思慧一定是先從聞中來。所謂聞思修，聞只是聽，從字面上理解，即是文字般若，是從文字語言當中不斷的熏，熏到一定的時候就形成了思慧。

在聞的過程中，師父或佛祖可能為我們講，一個杯子是如何構成的，是怎麼來的？一個杯子是由四大構成，即

色身。具體講解，杯子是一個現象，現實中形成其形狀，有其功用，即是色身，杯子這個色身又是由地、水、火、風四大，在因緣和合的前提下形成的，因緣具足了杯子就形成了。如此我們就知道了杯子是如何形成的，這就是聞。聞即是透過經典，透過佛祖、師父把理為我講清楚，我就知道一個杯子是怎麼來的了。

而何為思？即是說，我知道一個杯子是怎麼來的，就知道了這本書是怎麼來的，這個人是怎麼來的，而後我就知道了宇宙萬事萬物、萬有都是怎麼來的，如此就形成了一種力，稱為思之力，是一種延伸之力，即是所謂舉一反三的能力。如果我們沒有這種力量，僅僅是聞，告訴我們一個，我就掌握一個，就會一個；不告訴我們的，我就不會，這就是只有聞之慧，沒有思之慧，就沒有意義了。

佛，所有的講經說法都是比喻，都不是告訴我們具體的事，不是在講具體的事怎麼解決，都是透過比喻，讓我們發揮自己的思之慧，透過舉一反三、一通百通，然後我們再想自己的事應該怎麼解決。所以佛在《金剛經》中說，佛之說法就像筏喻一樣，只是舉例子，其實佛沒說什麼法，沒告訴我們如何具體去解決煩惱，讓我們如何自己去解脫，沒有告訴我們具體方法。佛說法如筏喻，就像比喻修行如

過河、過海，怎麼過去呢？現在此岸是痛苦、煩惱的此岸，怎麼能達到完美的、幸福的、開心的、沒有煩惱的彼岸，這都是比喻。佛所有的法都是比喻，聞聽了比喻之後，得思，後面還得修，然後才是證，即「聞思修證」，這是缺一不可的。

先從聞開始，後面有思之慧，達到思的狀態了，就能形成自己的正知見。正知見是怎麼形成的？那些錯知錯見、邪知邪見是如何破除掉的？正見就像利劍、就像光明，邪見就像黑暗。當光明一來之時，黑暗自然就破掉了，此即所謂我是透過不斷的熏修正知見，從而不斷的在破我的邪知邪見。所以，當我的正見形成了，我的思考、邏輯、推理、分析，就有智慧了，有了智慧就有力量，這就是思的力量。

正知見本身就是一種力量，這股力量越強大，越不會讓我被邪知邪見的力量牽引走，一旦樹立了正知正見的力量，我就不會在煩惱中迷失，不會在痛苦中煎熬。所有迷失在煩惱當中的，其實都是因為看不透事理，看不透真相，看不透本質，先是有邪知邪見做引導，後來又境上生心，念上生念，不斷形成越來越多的執著與妄念，一點一點合起來，即為邪之因緣合力把我拉向深淵、拉向痛苦、拉向煩惱。所以這就是現實中思的力量、思的作用所在，也就

是正知見的作用所在。

想樹立正知見，思擇如何能是一種力？比如現實當中，夫妻要離婚，兩個人不能一起生活了，這是現在很普遍的現象。比如老婆要離婚，就是老婆跟老公過不下去了，但是對於老公來講，可能就很痛苦，因為他不想離婚，他還想維持家庭，想維持幸福，而老婆一定要離婚，所以老公就煩惱，就有了痛苦。如果沒有修習佛法，就會痛苦下去。

老公就會一直覺得：「老婆為什麼不愛我了？難道她外面有人了，有比我更優秀的、或者對她更好的人了？或者是我們的感情不和了？……」

如此就會痛苦，就會煩惱，就不知道現實中應該怎麼做了。當我們學了佛法之後，就知道這個理了，所謂婚姻是什麼？兩個人在一起的婚姻，就是因緣和合，才會形成兩個人在一起的果。所謂因緣，有緣聚緣散，緣為什麼會聚？又為什麼散？四大與五蘊，色、受、想、行、識五蘊和合到一起，緣就聚了，就聚到一起形成了一個家庭，所以家庭也是形；當緣散了的時候，這個家庭也就會瓦解，就會散掉。其實這是宇宙中自然的規律，當知道這個理後，應該怎麼做呢？

初戀的時候，我們之所以要結婚，雙方都自願要結婚，是因為我們所謂生的緣在往一起聚，聚合到具足的時候就可以結婚了。結婚一段時間以後，生的緣一點一點的在散，而散的、滅的緣一點一點在增加，或者所謂婚姻具足的因緣，這些緣一點一點的缺失了，沒有剛結婚時那麼足了，所以我們的婚姻就面臨著破滅、面臨著空。這種情況下，如果學了正知正見應該怎麼辦？學了佛法，那第一要做的就是補緣。補緣即是知道緣在哪裏破了、在哪裏缺了、在哪裏有漏了，就可以有意識的再增加上，此即謂增上緣。

　　所謂缺失的，比如以前老婆為何想嫁給我，因為我特別愛她、特別關注她；她有一點發燒，我的心就緊張的了不得；她的手傷到一點，我都心疼半天，然後馬上找 OK 繃給她貼上，一直噓寒問暖，所以老婆被我感動了。其實這本身也是兩人之所以形成婚姻的一個緣，是無數的緣聚合而成的婚姻，前幾年很幸福，但是結婚以後，我工作更忙了，老婆生了孩子，我的心就沒怎麼在老婆身上了。我都是想著養家糊口，讓她們的生活過得更好，就把心思都用在工作上了，對老婆的噓寒問暖、心疼體貼就少了，甚至沒有了。所以老婆才覺得孤單寂寞，覺得是我不愛她了，覺得是我不用心了，才有了離的想法。而且只有在這種情況下，外面才可能有人趁虛而入，把她的心拿走了。用什

麼方法拿走的？就是用對她噓寒問暖、對她心疼體貼，頃刻間就把心攝走了。

當我知道了這個理以後，我就得修增上緣。現在我跟老婆的緣，其實就在一點一點的散，我又不想散，那怎麼辦？不是陷入到痛苦之中，痛苦是無法解決問題的，煩惱也不能解決問題，跪在地下天天哀求老婆，她也回不來。因為如此補的緣是不對的，必須得想我們曾經因何而聚到一起的？然後再想這幾年缺失了什麼？聚到一起最本質的、基本的、重要的因緣，有沒有缺失？如果發現有缺失，就想辦法補上，是在這方面想辦法補上，即多做這種增上緣。這就是正知見，而不是陷入煩惱之中。不明理才會陷入煩惱中，而且也補救不了。

可能老婆外面有人了，你也不知道為什麼會有人，就生氣、氣憤，然後打罵老婆。越是這樣，其實也是在增上緣，而這是使之散得更快的增上緣，而不是重新聚起來的增上緣。所以在不明理的狀態下，很容易失去理智，在現實生活中做事的時候就沒有章法，這就稱為思無力，所謂思無慧才導致了思無力，沒有正知正見給你做引導，就會出現這種情況，就是混亂的、散亂的，碰到問題以後沒有方向，就是迷的，就是一個凡夫，之後天天都在痛苦當中，

天天都是煩惱根深、痛苦煎熬，你又沒有辦法。如此，作為一個普通人，其實你都不是一個優秀且做得相對不錯的普通人，你就是一個迷人中的迷人。

我們之所以要學佛法，要知道宇宙自然的真相、發展規律，之所以要樹立我們的正知見，要不斷的聽經聽法、不斷的熏修，就是因為我們的錯知錯見、邪知邪見，我們被內欲外境所迷，在執著、被牽引，這已經形成了慣性。而在這種慣性下，必須得經過一門深入，長期熏修，用正知見、佛知見才能從這個慣性當中拉出來，這是需要過程的。從聞之慧一點一點深入，變成思之慧，此時這一套正知見、這一套大智慧、佛的智慧其實就已經變成了自己的，思之慧就形成了思之力，這力量就很強大了。

經過長期的熏修，正知見形成了正思維，正思維就有了正念，正念下我在正精進，之後就會有正定，正定有了以後要維持它，我在現實中做事的時候，要在正語中，在與人溝通中保持正定，我在正業中，在做事業的過程中保持正定，我的命運就會轉變，就會從邪命、小命、災難之命運、坎坷之命運、障礙甚多之命運，轉變成正大光明、一切順遂、五福俱全的命運，我就能走上菩薩道，行菩薩的大乘道，發菩薩的大乘願，然後逐漸的達到菩薩的果位，

這就是正命。我透過自己的聞思修，改變我的正知見，形成了正思維，即是正的思維力，後面我就改變了我的命運，此即謂正命。其實，所有的八正道、十度、四聖諦、聞思修、戒定慧，都是連環的。

我們要明白這個理，我在此講經說法，就是在熏、在熏修，把這些知見，把這些理，把這些佛告訴我們的修行階段等等，不斷的給弟子們、學生們、聽者讀者反反覆覆的講，為什麼？就是在熏。大家正在聞，聞多了，受熏得多了，自然味道就入心了。否則，只是讀一兩遍，只是聽一兩年，連皮膚都還沒滲進去，更不要說改變心了。為什麼修習佛法是一生的事業，正所謂活到老學到老，就是這樣熏的，一點一點的熏，也不知道每天會有多少改變，但是沒有關係，天天熏，每天在煙火中熏一下，每天熏半小時、一小時根本感覺沒有變化，也看不出變化，覺得好像沒什麼作用；但是過一個月後再看，整體就開始變黑了；過一年再看，裏面都已經黑了；過五年再看，整個臘肉就形成了，最裏面都已經熏到了，味道已經熏入到最裏面了。

有同學說：「老師，您看我跟您都已經學了三年多、快五年了，我為何還是沒有太大改變，我怎麼還是那個樣子啊？」

你太著急了，你以為學三年五年佛法，就能夠學明白，就能學成嗎？你的身體，那剛強不化的、自己打造的、防禦的盔甲、甲胄，護持你的邪知邪見，護持你的魔性、自己的貪欲等等這些，你打造得特別堅固，你想用正知正見破掉，但是你自己裏面黑暗的一絲光明都沒有，甚至極其恐懼和害怕任何一絲光明，在這種狀態下，三年五年的時間，再厲害的師父也打不透你的甲胄，連絲縫都打不開，你怎麼能變化？其實你比臘肉要堅韌的多，臘肉就用煙燻，燻個一年兩年就進去了，而你這塊肉，不要說三年五年，十年八年能打開一點縫，都已經相當不容易了，你命運可能就有巨大的改變，但是很難。

第二節

大醫王救度眾生刮骨療毒
擇之力面對恐懼自我改變

現實中的人，越是沉迷於現實、沉迷於五欲六塵，這種沉迷之心，這種執著與妄想之心，特別的堅固，寧可在煩惱當中、在障礙當中、在磨難當中不斷的煎熬，生生世世都這麼煎熬著、很痛苦，但是已經形成了一種深深的軌跡，在這個軌跡中已經形成了習性，是很痛苦，也想脫離，但是更怕改變習性，因為慣性一變，就不知道該怎麼做了。

你告訴我有一個佛道，除了三界以外還有一個解脫之道，你特別的幸福，沒有我現在的煩惱，但是我非常的懼怕，我懼怕改變。到一個新的軌跡中，我不知道該怎麼走，我不知道會不會比現在更痛苦，未知對於我來講，比現在的煩惱和痛苦更令人害怕。

因此，現實中的絕大多數人聽聞佛法，不敢去熏修，聽到真東西時就走了。真正聽到了有可能使自己有一點改變的時候，就會以各種辦法離開。為什麼？因為不想改變，現實雖然痛苦，但是還有很多美好，人們總想要留住美好。然而這種美好就像我們前面講的，人們所要的福、所要的

財、所要的情、所要的幸福、所要的健康，都是有毒的，這些看似美好的，其實都有毒。所謂有毒就是指這些美好都是不究竟的，這些福報、財富、官職、幸福都是有毒、有漏的。但是告訴人們這是有毒的，教人們重新得到清淨的、無漏的五福時，大家理上明白，但是根本不可能去接受，因為恐懼，怕改變，就會想各種辦法離開。

真正的佛法，聽的人很少，反而假的佛法聽的人多，大家越聽越歡欣雀躍。真正的佛是醫王，療癒的都是那些煩惱根深、業障深重的眾生。這樣的眾生已經病了，尤其是現在的人類，現在末法時期的眾生都病入膏肓，已經病得奄奄一息、快不行了，而佛是大醫王，如何療癒這些眾生？必須得開刀做手術，要刮骨療傷，否則眾生無法重生，只是講講理，表面上擦擦酒精，打一小針，吃兩片藥，已經解決不了現在眾生的問題了。而佛是大醫王，會有針對性的療癒，從人的五臟六腑中把毒都刮乾淨，把形成的癌細胞徹底清除掉，所以得手術解剖。

然而，佛不度無緣之人，不求不度，雖然佛是無緣大慈，同體大悲，發的心是無論任何人，你只要找到我，我都會療癒你，我也不要你的錢。但問題是，你想去找佛療癒嗎？你想找菩薩給你療癒嗎？要知道這種療癒一旦開

始，你就相當於躺在手術臺上，被大卸八塊，將你的五臟六腑都掏出來仔細清理，然後把你的心一點一點的全部切開，然後把裏面的菌和毒徹底的清除，把心徹底刮乾淨。你不害怕嗎？只是想一想你就嚇得不來了。

其實，佛菩薩的大門永遠向眾生敞開著，那裏是一所最高級的醫院，醫術最高明的佛菩薩一直都在那裏等著我們。但是有幾個人走進那所醫院，根本沒有幾個，人們反而都會到那些忽悠、騙人的大師那裏去。

那大師會說：「你有任何的病，我都能給你治。而且你沒有任何一點痛苦，我就能把你的病治了，你只需要念個名號，只需要信我。你信我了，按我說的去做了，你的任何病我都能治。」

這種很簡單，不用解剖，不用手術，不用自己向內去找。外面有這麼一個大師，有這麼一個神，他能解決我的一切問題，還不讓我痛苦，我只需要信他就行了。結果，大家全都奔大師那裏去了。為什麼？都不想面對自己，都不想解剖自己。當然，如果不面對自己，不解剖自己，那生生世世積累下來的惡業、錯知錯見，誰能替你去除？你自己積累的，誰能用他所謂的佛力，用他的外力，用他的神力，給你去除，那是不可能的！誰也不能。

這個理是真理，但是大家願意聽嗎？根本不願意聽，甚至大家都希望這個理所說的都是假的，即使有人覺得這是真的，也不願意去信。請我去做手術，我也不做，現實中不也是這樣嗎？所有得絕症、得癌症的人，不逼到最後的時刻，快要死了，痛得不行了，才有可能去放療、化療，才會去手術，只要自己還覺得挺舒服，這時對他說他得了重病，現在就得去治，要治未病，不能等病發了，痛苦了再去治，那就晚了，但絕大多數的人，在不痛的時候是不會主動去醫院的。

　　其實就是這個理，現實中的芸芸眾生都是這樣，煩惱、痛苦、煎熬的時候，不到一定程度，不會去找佛菩薩、找良醫的。即使找也是去找假的佛菩薩，身披佛的外衣、身披神明的外衣，給你解決問題，只要你信他，他就給你解決你所有的問題。現在都喜歡去找這樣的人，而不敢去找讓我們自我解剖、自我剖析、自我改變、自我清淨的真佛，不敢甚至不願。所以，真佛門前眾生寥寥無幾，真佛門前清清淨淨，真菩薩門前清清淨淨，基本沒人。反而假佛、假菩薩、所謂的神門前，門庭若市、熙熙攘攘，眾生皆為利往，皆為名去，你要什麼這些假的佛菩薩就給什麼，不讓你去面對痛苦，他在現實中為你化解，直接給你解決問題，你也不用改變。

現在的寺廟都是如此，講真道、傳真法的法師面前沒有幾個學生，但是香火極旺的廟都是所謂解決現實問題很靈，買一炷高香，誠心的拜求神明和菩薩像，求子得子，求財得財，求幸福得幸福，如此一傳十，十傳百，大家不遠萬里都來求，滿足自己內心所願，但是我只需付出一炷香，我自己也不用改變。然而，這樣門庭若市的廟中，人們所拜的佛像，開天眼的人基本都能看出來，佛像上附的基本都是蛇、狐狸等等的一些外仙，很多都是動物仙，來滿足那些人所謂的願望。被滿足的願望都是這些外仙在背後努力做工作。

正的、清淨的佛菩薩，包括法師，不會這樣為人解決問題，人們的任何問題提到、找到他們這裏，他都會讓人們自己去看到自己的煩惱根源是什麼。其實根源一定在於自己，要想徹底解決煩惱，把病徹底根除，使其永不再犯，就必須徹底的改變自己，改變自己的邪知邪見，改變自己的邪思維，改變自己的邪念，然後達到正知見、正思維、正念，得正定就清淨了，清淨以後的事業、福德才是正的，煩惱才會消除，才會有正語、正業、正命。真正的佛菩薩、真正的明師一定會這樣告訴大家，要從自己改變，自己改變了現實的業報才會變。到達淨業現前的時候就都是善的業境現前，都是從福德俱全、福會雙全的一面來現前。

但是，這是個一門深入、長期熏修的過程。在這個過程中，其實練的就是思之力，思就是正思維。而正知見、正思維是一股巨大的力量，就能形成擇之力，就能做出正確的判斷和選擇。沒有正知見，沒有正思維，樹立不了正念，絕不可能做出正確的判斷，判斷也是一種力，我們現在稱為決策力，即所謂擇之力。而決策力是怎麼來的呢？就是在我身心都很清明的狀態下，能做出智慧的決定，這就是決策力。而不是分析、推理來的，聞的時候是在分析、推理，到思的境界、思慧的時候，就已經不是完全的分析、推理、邏輯性而來的了，已經更深一步了。

　　有清淨的功夫生起的時候，判斷自然就在這兒了，所以這就稱為思擇力。思之力前面講了很多，而思擇的力量是怎麼來的？即是用我的正知見，破我的錯知見，然後我就一點一點的逐漸清淨了，而後就能達到正知見引發正思維，正思維引發正念，念正了身心就定了，定下來了其實也就是清淨了，之後我在做決策的時候，是自然而然生出的，而不是分析、判斷、推理來的，決策力是清淨力的一種化現。

　　所以，在思擇力的過程中，其實我在做的事，就是反思我自己。我隨時都在反思，何為善惡？何為正邪？我如

果有邪，亦即是有惡，我怎樣能糾正為正？這都是思之力，亦稱為聞之慧。聞慧之後就有思慧，思慧之後才有修慧，修慧之後才有證慧。思，正確的思維，正念帶著正確的判斷，而其實每一個判斷都是發自於清淨心、發自於智慧。人的命運就在於每一個細微的判斷中、細微的決策中。無數的錯誤決定，會將人引向一個悲慘的命運，而無數正確、即所謂清淨的決定，將人引向的是一個福慧的命運。所以，我們每個人的命運就掌握在自己的手裏。

我們隨時都在做著各種決策、取捨。也許你想去夜總會看美女、唱歌、聊天，那就是你心花怒放、非常喜歡的事，但是有個朋友說有位法師的講座，你想不想去聽一下？這時你就出現了一個取捨，是要被欲望所牽引，去夜總會找美女，還是去聽法師的講座，這就是一個小的取捨，心想法師就算了，朋友都已經約好了，美女也挺漂亮，我還是去吧，法師的講座我以後再聽吧。如此一個決定可能就改變了你的命運。

也許你在夜總會裏，碰到了讓你非常動心的美女，可能就此沉迷進去，後來因此家破人亡，這都有可能。也許你做一個決策，夜總會就算了以後再去，法師講的法非常重要，緣分來了立刻就得抓住，一定得先聽法，聽法比任

何事都大，夜總會的美女都是世俗的欲望，不要被她們所牽引，要去聽清淨的法，與法師結個緣。你選擇了法師，放棄了美女，其實就是在決策，也許法師在這一節課、或講座上，講的幾句話打到你的心裏了，你認同了，你的命運可能就此改變了，就向著更加清淨、更加福慧俱全的方向改變，你可能就脫離了色、欲的牽引，脫離了最後把你引入巨大煩惱的命運。

其實，你的命運本就有可能走向兩個方向，就是這樣一個小小的決策，可能就會把你的命運徹底改變。思擇力是存在的，而且這種力量是在我們現實生活中，隨時隨處存在。我們隨時都要保持正知見、正思維、正念，然後才能做出正的決策；守住一顆正定之心，做出的決策就是智慧的，會使我越來越清淨，越來越沒有煩惱，就帶向了菩提路。

菩提路上沒有煩惱，而邪路上是煩惱根深、業障深重，都是煎熬。但是為什麼煎熬人們也要往邪路去呢？因為有絢爛的鮮花吸引人，而越是有毒的花越是豔麗，人們就被豔麗迷惑，失去了正知見、正道。因為越是正的、清淨的越無聊、越無趣。我們喝酒、喝飲料的時候，都要選擇味道濃烈的，喝酒都喜歡喝烈酒，喝飲料都喜歡喝香味濃郁

的，但是我們都不想喝水。而我們知道水是最清淨的，水是最有營養的，水是我身體最需要的，那些所謂濃郁香味的飲料，是有添加物的，對我的身體不好，甚至無法消化、無法吸收，最後有可能沉澱在我體內，變成致癌物質，這些我知道，但是我還是要喝。讓我選擇我還是選擇香味濃郁的，還是要喝烈酒，形成癌症那是以後的事，能否滿足我的口欲之福是當下的事，所以這就是所謂眾生。

如此一步一步的把自己帶向了煩惱根深、業障深重、不斷煎熬，這就是眾生，明知道有害，知道有毒，總覺得後果是以後的事，而等到後果來了的時候，痛苦、煎熬、後悔，但是已經晚了。然後，下一生又是在循環往復當中，這樣一生一生的沉淪，一生一生的輪迴。

思擇力就是力波羅蜜的第一行，我們要從聞上開始，聞有聞之慧，思有思之慧，修有修之慧，再後面是證，才能證得般若波羅蜜大智慧，是和世間反著來的，這就是思擇力。

第三節

十度智慧修持力最廣大
無漏神通力發內心光芒

　　當我們的知見正了、思維正了、習性正了、觀念正了、念清淨了、心得定了，還要修出我們的修持力。思擇力是從聞上來，聞法形成思慧，然後就是修持力，即是指在已經具備了聞慧、思慧之後，真正要起修了，即是修之慧。而具體怎麼修，從哪個方向修，就是所謂修持力，力度第二行修持力。修持，越修力量就越大，既有慧，又有力，是廣大的力量。如何起修？最基本的就是從十度起修。

　　修布施力，布施也是一種力，布施時間長了以後，由慧而生力，就能形成巨大的力量。布施是力量，是一種無形之力，形成的是一種魅力、一種人格上的魅力，這種力一旦發出來會讓萬民敬仰。如果修成了布施之力，你說出一句話，天下之王都得聽你的，更何況老百姓，因此布施力一旦修出來，力量無比巨大。

　　現實生活中有沒有這樣的人呢？菩薩離我們太遠，現實中就有一位特雷莎修女，也叫德瑞莎修女，她一生修的就是布施之力，自己不要錢，不要名利，什麼都不要。她

是如何救度的？她是在印度的一個修道院，她在的區域不是富人區，是最貧苦的區域，外面有很多生病的、有傳染病的、病入膏肓的人治不起病，流浪漢也有很多，就在修道院外、在市場裏、在街道上等死。德瑞莎修女一生就做一件事，外面的病人，不管是傳染病、癌症，還是什麼絕症，只要是無家可歸的、重病將死的人，她都接到修道院裏，親自照顧，直到給這些人送終，她一輩子就在做這一件事。

後來她擔心這些流浪漢、病人因為沒錢，覺得修道院很高大、光輝亮麗，覺得修女們都像聖女似的，覺得差距太大，不敢進來。為了與流浪漢平等，讓他們去掉所謂的崇拜、自慚形穢的心理，她看到那些流浪漢都沒有鞋穿，她也一輩子不穿鞋，就跟外面的流浪漢們一樣，我也沒穿鞋，你也沒穿鞋，我們是平等的，她是這樣一種布施。如此布施了一輩子，出現了奇蹟，這種布施之力太強大了，她接觸那麼多的傳染病人，那麼多諸如愛滋病等各種各樣的絕症，很多都是可以傳染的，但是德瑞莎修女一生從沒有被傳染過，說她有什麼防護措施，其實什麼都沒有，而是她發出來的布施之力太巨大，多年修習布施之力修的這股力量、這種念發出去之後，形成了一套甲冑，即是一套盔甲，把自己的肉體、身心都護住了，所有的病菌根本進

不來。

　　然後她的力量不斷的向外發出，就能夠懾服人心，這種正的力量、這種布施修持的力量，不斷向外散發，影響了人心。後來當地的政府和反政府武裝進行戰爭，為了把戰區裏的婦女、兒童、老弱病殘帶出戰區，她就對武裝力量說打仗是男人的事，就冒著槍林彈雨，隻身走向戰場，要把婦女兒童和老弱病殘帶出來，戰爭雙方一聽說是德瑞莎修女來了，雙方的最高長官立刻同時下決定休戰不打了，絕不能傷到德瑞莎修女。這是兩個意見分歧極其嚴重的政府和武裝組織，看見德瑞莎修女光著腳走進了戰場，她也沒說什麼話，結果兩邊同時決定休戰，這是一種多麼大的力量。後來德瑞莎修女把婦女兒童、老弱病殘都帶出來了，之後戰爭雙方再繼續打。這是一種力量，德瑞莎修女修的就是這種布施力，這是一種修持力。

　　何謂修行？這就是修行。之後德瑞莎修女獲得了諾貝爾和平獎，被聯合國授予和平大使，各國政要看見她都跪拜、恭敬，這不是一種力量嗎？其實就是一種力量，而且是一種無比強大的力量，是一種修持的力量。

　　持戒，清心持戒也會形成一股強大的力量，戒體清淨形成堅固的甲冑，不僅保護自己，同時保護世人，甚至全

人類。所以，這些都是強大的力量，包括忍辱，忍辱也是有力量的，修持忍辱本身就有力量，這種力量能讓家庭和諧，能讓夫妻白頭偕老，能讓你一生幸福，還可能會讓世間一切的衝突、一切的暴力平息，這也是一股非常強大的力量，就是一種修持之力。

比如，一個家庭總有磕磕碰碰，夫妻之間總會有一些分歧，有一些柴米油鹽醬醋茶的瑣事，這時候如果夫妻當中有一方修忍辱，不斷的忍，看著是讓，看著是忍，但是他就能保證家庭的和諧延續，不會散掉，這就是修忍辱。所有離婚的家庭不就都是因為忍不了嗎？認為對方小瞧自己，看不起自己，那你看得起誰，願意跟誰過就跟誰過，我還看不起你呢！如此兩個人就一拍兩散了，這就是雙方都沒有忍，一方有個性，另一方更有個性，都不修忍辱之功，很輕易就散了。一般來講在家庭中，女人有坤德，就比較容易修忍辱，如果家裏的女人修忍辱修得好，一般來講家庭都很和諧、圓滿，最後都會白頭到老。如果兩邊都不修忍辱，都沒有忍辱之力，家就很容易散掉。

現實中，我們面對很多的問題，會有很多的知見和想法，僅是孩子教育問題，都有可能讓夫妻形成不同的意見，然後分崩離析的散掉；還有誰出去工作的問題，往哪個方

向做的問題等等，很多事情都有可能形成分歧，如果大家都各執己見，誰都不讓步，誰也不想忍，家就很容易散，一句感情不和就散了。

中國為什麼現在達到一半以上的離婚率，就是因為都不忍。為什麼都不忍？因為現在這個社會就強調不忍，每個人都強調為什麼要忍耐？為什麼要忍讓？憑什麼要我忍？女人說，我也是半邊天！而且現在所有人都強調平等，何謂平等？所謂我對你如何，你就必須得對我如何；我為你付出多少，你就得為我付出多少；我聽你的，你也得聽我的，都是這種平等。然而，這種平等之中其實就沒有忍了，處處講究所謂的平等，這就是家庭破裂、企業人員流動巨大的原因之一，是一個社會教育的問題。

修佛的人修忍辱，也是功德，而且不僅是功德，也是智慧，同時也是力量。為什麼要修智慧，其實智慧就是力量，都是有力量的，而且是巨大的力量。剛才講的德瑞莎修女有沒有力量？那是布施的力量，多麼巨大。那麼，忍辱你能修嗎？如果真的能修忍辱，你的命運立刻就會改變，你信不信？你的家庭一旦和諧了，就不離婚了，因為離婚你的命運才一點一點開始了磨難，多少人都是一時之氣忍不下，輕易的離婚了，就要個平等，要個獨立，要個自由，

保持個性，不能受氣。離婚以後，命運就開始走向了悲慘。

當然，離婚以後走向好的命運也是有的。然而多數都走向了悲慘的命運，尤其對於女人，而你修一個功德，修一個忍辱，就有可能改變命運。這是一種力量，如果有智慧的忍辱，就會形成一種正的力量，在正知見下，帶著正思維，然後有正念，不斷的修即正精進，之後就有正定，心就是清淨的，到最後哪裏還有辱讓你忍啊！

本來也都是你認為，都是你認為別人瞧不起你，人家真的瞧不起你嗎？不一定。其實你忍的不是別人，所謂忍一時之辱，是忍你認為的辱，前面講過，何謂辱？何謂侮辱？又是誰侮辱你了？都是你覺得這一句話侮辱你了，其實是你給別人安上的所謂侮辱，人家即使說了那句話，也不一定是你認為的那個意思。所以，忍不住的是誰？忍不住的是自己。誰改變了你的命運？是你自己改變你的命運。多少人離婚以後發現對方原來不是那麼想的，原來不是那樣的人，以前就以為他在外面有人了，看他各種行為，完全已經跟那個人好了，所以必須得跟他離，結果離婚以後發現，他們倆個人沒在一起啊！原來當時他外面沒人，但是已經離了。太多這樣的例子了！

現實工作中不也是一樣嗎？我不忍。老闆不公平，老

闆不是人，老闆作風不好，我不能給這樣的老闆打工，這個企業好不了，我做這麼多工作老闆都看不見，只獎勵長得好看的人，不公平，我走了不幹了。現實中很多人都不修忍辱，都沒有這個力。既沒有布施，又沒有持戒、沒有忍辱、沒有禪定、沒有精進，怎麼可能有般若智慧。現實中為什麼你沒有力量，而力量到底是從哪裏來的？力量並不是天天打沙袋、練舉重、跑步，這些只是練肌肉的力量，而肌肉的力量在所有的力量中，是最小、最微不足道的力量。所謂一拳打出去有多少磅的力量，現在已經是機械的時代，肌肉的力量再練也強大不到哪兒去，也強大不過機器。

佛法告訴我們的力波羅蜜，是我們的精神力量，是心發出去的力量，思維形成的力量。智慧發出去的力量，那才是最大的力量，所以稱為力度波羅蜜。智慧的力量是最大的力量，而智慧的力量如何而來？其實佛菩薩在力度波羅蜜上，就是教我們智慧怎麼來，即是從思中來，而後決策力，然後是修持力，就是從這兒來的。先聞正知見，隨後思，即正思維；再改變你的念、引導每一個決策，即謂擇；然後不斷的這樣修下去，即是修持力，如此現實中力量才會一點一點積聚。

現在我們只是身體有力量，尤其年輕時，爬山、舉重、拳擊，都是肌肉的力量。然而肌肉的力量是最弱的，因為沒有智慧的力量，心的力量就發不出來。智慧力量即是心發出的力量，才是最廣大、最強大的力量。所以，德瑞莎修女，一個弱小的女人，能制止兩股政見不合的武裝力量，能制止一場戰爭，這是多大的力量！即便是一個國家的總統，要如此制止戰爭都不可能，也得派強大的軍隊把雙方都鎮壓、消滅了才行，但是一個德瑞莎修女，就能制止兩個政府之間的戰爭，這就是智慧的力量。

這種力量就是如此而來的，按照正確的方法思擇，然後修持，就是修這方面的力量。人的魅力是怎麼來的？其實就是這樣修出來的，這才是真正的力量。擁有這種力量時，你說一句話可能都比出動千軍萬馬有效果；你出面，別人都談不成的事可能就談成了；別人可能談到兩國必須刀兵相見，幾場大戰死幾十萬人，最後事情才可能停下來，而你出面一句話，可能就讓事情平息了，這就是力量，就是人格的力量。

我們在現實中，如何修人格的力量呢？現在就在講這個問題，如何變成真正有力量的人，真正要練的是什麼力量，這就是佛菩薩在十度的力度波羅蜜中，為我們作的開

示。所以我們都要從十度開始修，修布施力，正布施，在正知見的指引下有智慧的布施；修持戒，在正知見、正思維的前提下，有智慧的持戒，堅定的持下去，就能形成一種修持力、一種持戒的力；修忍辱，也是在正知見、正思維的前提之下，堅持有智慧的修忍辱，就能形成一股無比強大的正向力量；修禪定，在正知見、正思維、正念、正定的前提下正精進，就能形成一股強大的禪定力。如此才是真正的修力，真正的力量從此引發而來。

一門深入，從聞思修證深入。先聞，尋明師得正法，一門深入，不要去變；思，師父所教、佛祖所教，要舉一反三，一通百通，然後變成自己的東西，形成自己的一整套正思維，形成正念；而後是修，即正精進。此即謂聞思修，最後才是證。一門深入，長期熏修，這就是一條成佛之路。而成佛之路絕不是在現實中避世，逃避人群；也不是說學佛之人在現實中忍辱、忍讓，就要處處妥協，沒有力量，懦弱，這樣就不是學佛的人。學佛之人在現實中，一定是越修力量越強大，並非肌肉力量多強大，而是內心力量非常強大，誰都不敢欺負他，誰也不敢輕視他，他說出任何一句話，甚至比帝王的話分量都要重。

比如，德瑞莎修女的一句話，甚至比美國總統、英國

首相，甚至比英國女王的話分量都重。為什麼？世人信服，世人對她發自內心的敬重，這不是力量嗎？最兇殘的、最兇惡的反政府組織、武裝分子，看見她都會跪拜，都不敢露出兇殘相，難道這不是力量嗎？其實我們學佛的人，要修的就是這樣一種力。這種力能強大到什麼程度？這種力能強大到，使你成為具備大神通的人。

因而，第三種即為神通力。神通力如何而來？從修持而來，不斷的精進修持，思擇修，一門深入長期熏修，修到後面神通自然就出來了，就會形成一種神通力。德瑞莎修女難道不是有大神通嗎？是不是已經修出了神通力？首先是百毒不侵，她接觸了那麼多傳染病患者，卻從未得過任何一種傳染病，身體一直那麼健康，難道這不是神通嗎？這就是大神通。而且她一生從不碰錢，但是一聲號召，要做慈善，要幫助所有受苦的人，多少財富都會奔向她。

如果一舉手說我需要一百億美元，在全世界進行建設，馬上就有無數人出錢，有無數人出房子，有無數人出力，一起跟她建，這難道不是神通嗎？德瑞莎修女施捨到什麼程度，鞋都沒有了，身無分文，但是她想要財的時候，十億、百億、千億美元瞬間即來，而且大家都心甘情願的奉獻出來，難道這不是神通嗎？大神通是怎麼來的？不是

為了修神通而來的神通，而是透過正知見、正思維、正決策即是正念，最後形成正定，再正精進的按照這個迴圈去修，自然就會得神通，而且這就是般若波羅蜜帶來的神通，即是大智慧帶來的神通，修的就是這種大神通。

同時，這是真神通，即無漏神通。何謂無漏神通？即有大神通，但是沒有給我帶來煩惱。不要覺著無漏神通，只有佛才能做到，或者無漏神通、大神通一露，就任何煩惱都沒有了。其實我們人當中，就有修成這種神通的，就能修成大神通。神通力是如何而來？不是打坐、禪定一坐三天、五天，而後四禪八定到一定程度，腦中轟的一聲巨雷，好像幡然徹悟了，然後就開始有神通，睜開眼睛就能透視，那根本不是什麼神通，那是妖魔鬼怪，是魔通。天天看別人衣服都能看透，自稱透視眼，以為修成神通，一眼就能看出內臟裏的問題，其實這樣離瘋就不遠了。

只有佛在修不淨觀的時候，才會往內修。但是想一想，為什麼我們的肉眼是有礙之眼，為什麼看不透衣服？為什麼看不透人的皮膚，看不到五臟六腑，其實這是對我們的一種保護。想像一下睜開眼睛，就看見人和動物的五臟六腑，那還活不活了？每個人看著全是五臟六腑，難受痛苦不？我們現在看人為什麼會產生美感？就是在看外表、衣

服、形體、皮膚、表情等，讓我們產生了美的感受，所以我們嚮往，可以接近。如果一眼看透了，看到了骨架，五臟六腑都在看著，那還有美嗎？看透衣服，皮膚挺漂亮；再往裏看，一層脂肪、油脂；再往裏看一層肌肉，還能再看進去嗎？看看腸子裏是什麼？看看胃裏是什麼？看看腦袋裏是什麼？

其實，那根本不是神通。所謂有透視眼，所謂能看見你得病了，哪個地方有腫瘤都能看到的，都是胡扯，要嘛就是騙子，要嘛是真修成看到那些了，一定就離修瘋不遠了，任何人都經受不了這種刺激。那絕不是神通，即使練出來了，在古代也稱之為法術，即是有漏，會給你帶來煩惱，帶來災難，不斷這樣練法術，而且只練法術，最後就會缺一門，而且死得都會很慘。我們的祖先早就告訴我們，不能為了修神通而修神通，諸如穿牆術、搬運術，這些是什麼神通呢？都是歷史上所謂的江湖雜耍，江湖術士才用的東西。好像能掐會算，能給人算命，又能看風水，看似好像挺神奇，好像是神通，這就是所謂有漏的神通。即使有神奇也不要練，有漏就是會缺一門，即鰥寡孤獨殘貧夭，你想要其中哪一種？

有漏神通不是按照正確方法練出來的，就是會有缺有

漏，就會缺一門，而且會帶來無盡的煩惱，帶來無盡的煎熬和痛苦。看似用這種神通得到民眾的信仰，得到大家的信服，得到了財，但要看最終的結果，這樣得到的信服，最後大家翻臉的時候，最信你的人，反而就會把你置於死地。現實中的有神通的氣功大師、特異功能者，最後基本都是被那些當時最鐵的粉絲人群整死的。為什麼會這樣？這就是反噬，到了一定的程度後，就會反噬。

所以佛一再告訴我們，要修無漏神通，不可以修有漏神通，不能為了神通而修神通。神通是一種力，但是有漏神通和無漏神通，發出的力可不一樣，有漏神通發出的是一種邪力、一種魔力，會使人更加迷戀、更加執著在神通本身上，神通即是一種外境，把人導向了魔，越是練得刻苦，越是執著，越是心中向魔，越是偏執。

而正法是將人導向清淨，導向佛之八正道，即是導向一條正路。所以，真正的神通力是怎麼來的？真正的神通力，是在正知見的引領下形成正思維，然後形成正念、即正決策力，而後不斷的修十度，這十種修行方法，正精進的去修行布施、持戒、忍辱、禪定、般若，再精進的修方便，學習世間、出世間的各種方法、方便，再發起大願，然後修力度波羅蜜，精進的修行十度即所謂修持力。當真

正一門深入、長期熏修，不斷按照這種正確方法修的時候，自然而然就會具備那種大神通力。

這種大神通力絕不是譁眾取寵之力，絕不是用於表演、表現的。這種大神通力發出的是內心的光芒、內心巨大的能量，是透過布施、持戒、忍辱、精進、禪定等，即所謂正修行，修行到後面的果，即是無漏大神通。所以，本章的主題是十度中的第九度，力度波羅蜜，為什麼力度波羅蜜在第九度，而沒在六波羅蜜以內？因為前六波羅蜜修的是自我，而後四波羅蜜是為了度人，為了利益眾生，是菩薩修的，是菩薩行的，是為了走上佛道的，是讓自己更加的圓滿，發的是菩提大願，行的是大乘之法、大乘之道，所以力度是放在菩薩向佛的後四度中，力度波羅蜜修的是菩薩道。

修菩薩道必須要修力之道，因為要感染眾生，要引領眾生，才能利益眾生，才能讓眾生在你的影響下、在你的接引下、在你的引領下，發菩提心，立菩提願，行菩提道，最後成菩提果。

第二十二章

六度圓滿般若大智慧

智度教化眾生皆佛果

第一節

慧是本體 六度為基
起用般若大智慧

十度波羅蜜中的最後一度，稱為智度波羅蜜，屬於菩薩行的四度波羅蜜之一。智度波羅蜜和第六度的慧度波羅蜜，有什麼區別呢？我們要清楚，慧度波羅蜜講的是般若，是圓滿的大智慧，要透過修前五度，之後才會得到慧度波羅蜜。也就是說，慧度波羅蜜是在我們不斷精進的，修布施、持戒、忍辱、精進、禪定波羅蜜之後，自然就會得到的一度波羅蜜，即是般若大智慧。

有同學馬上問了：「老師，得到般若大智慧，不就已經到達彼岸了嗎？那不就已經修成了嗎？」

慧度是指個人修成了，但是個人還僅僅是修到阿羅漢的果位。如果想成佛，還必須得行菩薩道。只是阿羅漢，又稱為自了漢，即是自己修行的相對圓滿，沒有煩惱，修成般若大智慧，但是成不了佛，僅僅是阿羅漢的果位。想成佛必要行菩薩道，菩薩道即是要利益眾生，要廣度有緣，如此修才能成佛。如何行菩薩道？具備了六波羅蜜的功德，即是最後具備了慧波羅蜜，得到了圓滿的大智慧，放下執

著與分別之心，那麼從慧度即般若波羅蜜，就會發出利益眾生的願，在生起大願的前提下，而後行利益眾生之行，即是行菩薩道。

十度後面四度即是修菩薩道，一定是在前面六度的基礎上，前面六度最後圓滿於第六度慧波羅蜜，是在得到了般若大智慧的基礎上，才能發得出後面四度。這四度不是為了修自己，而是為了修菩薩道，都是為了利益眾生、教化眾生。所以後四度是專修菩薩道，當天下之眾生都度盡才可能成佛。其實每一個菩薩發的願，都與地藏王菩薩發的願沒什麼兩樣。地藏王菩薩發願，地獄不空，誓不成佛。其實，這裏地獄就代表六道，即是六道不空，地藏王菩薩誓不成佛。

任何一個菩薩，在祂的世界中，如果沒有度盡眾生，肯定都成不了佛。不僅自己度了自己，要真正把眾生都度盡了，才能成佛，才能得到佛果位，就是這個道理。如何才能度眾生呢？即自度才能度人，自度才能度他。自己都沒度，自己還是不究竟的，自己還是不圓滿的，怎能度人呢？此時即使度了人也是有漏、也是有缺失的，而且你度的也不是別人，還是你自己。所以，六度使我們自己得到圓滿的智慧，得到般若大智慧，然後我們再發出四度，由

般若大智慧延伸出去，生成方便法門，用方便法門去接引無量無盡的眾生。

方便法門，門門皆有漏，既然叫方便，就都是有針對性的，都是不圓滿的，都是有形的、有為的，但是有漏之中，其實還有般若智慧在。是從本性、本體發出來，即是從般若智慧發出來，看似有漏，其實是針對眾生的不同，有針對性的接引，行接引之道。後面透過有漏、有形、有為的方便法門，一點一點的接引眾生，達到無形、無漏、無為的狀態，使眾生也能夠得到般若智慧，如此就達到了無漏，是有階梯性的。

同時還要有願，而願也是從般若大智慧裏發出的。如果沒有達到般若大智慧，那發出去的願，都不是圓滿之願，都不是般若之願。因為此時心不清淨，心裏有染、有雜、有污，發出的願也就不會是純淨的願，不會是清淨的願；只有清淨心發出的願，才是本願，才能稱為真願。

所以，在沒有得到般若大智慧的時候，你還放不下分別與妄想的時候，天天講，天天發願要利益眾生，你的願也不是真願，只是你以為是真願。當然，這樣發有沒有用？肯定也有用，即是強行用有形、有為的意識意念去發願，還是能起到一定作用，但是不會像觀世音菩薩或者阿彌陀

佛一樣，願一發出，身體就變，整個世界就變。

　　千手千眼大慈大悲觀世音菩薩聽聞大悲咒之後發願，
「我要安樂末世眾生，使五濁惡世的一切眾生，皆得安樂，
滿一切所願，除一切病，破一切障，消一切災。」此大願
一發，立刻身生千手千眼。

　　我們為什麼做不到一念大悲咒，發起大悲之願，馬上
就能身生千手千眼，我們一隻手都多不出來，一隻眼睛也
多不出來，為什麼？就是因為你發的願，有染、有雜、不
純、有污，不是純粹的願，不是發自般若智慧的本心，不
是清淨之願。這樣發出的願就沒有力量，我們在此所說的
願，是已經得到般若智慧，個人透過六度的修行，已經到
達一定的階段，心已經清淨，這時的方便法門，這時發的
願，這時發出的力量，這時所得到的智即教化，都是無漏
的，就是看似有形、有相、有為，但其實代表的就是整體，
力量是無窮、無盡、無限的大。

　　所以，後四度是在前六度的基礎上，行的是菩薩道。
後四度不是在凡夫階段就可以利用、運用的，在此階段還
無法很好的運用。前六度是基礎，沒有這個基礎的情況下，
後面的四度用不了。我們要想修佛，要想圓滿，要修得我
們的大目標，一定要從前六度開始起修，從布施、持戒、

忍辱、精進、禪定，逐步起修，得到般若大智慧後，再修後四度，再開始發清淨之願。

此時就已經不是學了，諸多針對眾生的接引法門，自然而然就具備、就有了。所有針對眾生的接引法門，都是發自清淨心，清淨心一出般若智慧就來，自然就具備八萬四千種，甚至是無窮無盡的接引法門，就能做到隨緣教化，所以智是從慧中發出來的，慧是般若大智慧、是般若波羅蜜，就是本體，所以慧度三行不同於現在的智度，智和慧不同。慧度三行，即身空無分別慧、法空無分別慧、俱空無分別慧，達到這種狀態，就得到了般若大智慧、般若波羅蜜，本體就有了。

既然本體有了，就已經達到目的，為何還要修後面四度？只是有了本體還不行，因為無法起用，只體悟到本體，我是放下分別、不執著、沒有妄想了，但我還是一個阿羅漢、自了漢，就是這個果位，自己了自己，這還不夠。在這個基礎上，我們要起用般若大智慧，只有本體沒有用不行，後面的四度，方便、願、力、智都是用，而且是在具備了本體的前提下起用。

如何起用？我會自然生成無數的方便法門接引眾生，我會自然發出清淨之大願，創造我的世界，創造我的清淨

世界就是為了接引眾生，到我的世界來清淨的修行，也是為了度眾生。我的世界就是由我的願構成的，千手千眼觀世音菩薩，發出弘願、大悲願，就不僅立刻生出千手千眼，同時生成了祂的世界，千手千眼大慈大悲觀世音菩薩，祂的世界即稱為大悲聖境，那是一片金色的世界，那是力量的源泉。阿彌陀佛發出了四十八大願、即四十八本願，大願一出即生成了極樂世界，也都是為了度化有緣眾生，創造的一個更好的環境，到這裏以後沒有煩惱，自然有利於修行，天天聽經聽法，天天精進的修行、修禪定。

因此，每一個佛菩薩的清淨心一出，大願一出，祂的世界就形成了，都是為了接引眾生，然後把有共願，即發出共同願的眾生，接引到自己的世界中來，大家一起修行，即謂同道、同志、同事、同修，這樣修得更快。修好了以後，比如在阿彌陀佛的極樂世界修好了以後，要成佛的時候，祂也得發大願，此時祂發出的大願即是別願，就形成不同的世界，創造了自己的世界，也都是為了利益和救度眾生。

方便接引法門，願，然後再有力，即有力量救度眾生。為什麼要有力量？千手千眼觀世音菩薩，千眼是照見，千手是護持，而千手就代表著力量，有力量才能救度眾生，有力量才能把眾生從苦、從地獄的煎熬之中脫離出來，有

力量講經說法才能透得過烈火、透得過重重烏雲，才能進入眾生的心裏，眾生才能聽見，心裏才能感受到，然後才會改變、轉變，這就需要力量。而力量從何而來？也是從般若波羅蜜中出來的，也是從菩薩的清淨心中出來的，沒有清淨心的力量也不是圓滿的，那樣的力量也不是最尊、最大的，也不是第一的。心清淨了，達到了般若波羅蜜的狀態，才能真正發出最強大的力量。

最強大的力量有什麼作用？能透過層層的烏雲，以及地獄的烈火，直透地獄眾生的心扉。而改與不改，受不受教化，是地獄眾生自己的事，這即所謂菩薩的點化與激活。很多地獄眾生在地獄的烈火中煎熬著，沒有一時一刻可以休息、可以不痛苦，這時候佛菩薩就透過祂強大的威力，幻化成甘露水，即所謂說經的聲音、講法的咒音，形象比喻為甘露水，滴進地獄眾生的心裏，讓他可以得到片刻的清涼，遮蔽地獄的烈火，地獄眾生可以抓住這瞬間的機會幡然醒悟，從地獄的煎熬中超脫出來。這種煎熬是從固執、執著和妄想中來的，忽然把這些遮蔽住，眾生一得清涼，頭腦驟然清醒，馬上心起正念，發出斷離捨、斷欲之念，一念天堂一念地獄，瞬間就會把自己超脫出來，這就是佛菩薩的點化與激活。需要無比強大的力量，才能破得了眾生的我執以及強烈的妄想。所以我們需要力。

智亦是在慧度，即得到般若大智慧的基礎上發出來、延伸出來的，為了利益和教化眾生而發出去的有形、有為、有漏的智度，本身不是圓滿的，不是本體。本體是圓滿的，慧是本體，智是起用。隨時要清楚，慧是本體，發出了最清淨的力，形成了慧的智。慧度有三行，智度也有三行。慧度三行，身空無分別慧、法空無分別慧、俱空無分別慧，就是層層的破掉世間的空相，觀世間的空相，達到般若大智慧的狀態、境界。

第二節

智度三行我受化他菩薩行
觀性自空教化饒益聖人業

智度有三行，第一是謂無相智，第二是受用法樂智，第三是成熟有情智。智度三行分別代表什麼意思？如何利用智行菩薩道呢？要用智行菩薩道，首先要以慧為基礎，即是慧度三行都做到了，達到身空、法空都空了，就達到一種狀態，放下了我執，放下了執著與妄想，整個世界、整個宇宙都在心中、都在眼前，就看到了虛空粉碎，而這就是俱空無分別慧，一切萬物悉皆平等，心就清淨了。達到這種狀態，其實就入了，也就能發出智度三行的第一行，無相智。

何謂無相智？無相智即達觀性自空，一切本性皆空，都是空的。空不等於無，真空中有萬有，萬有的本性是皆空。達到這個狀態的時候，就能啟動第二行即受用法樂智，受用法樂即是能夠證到一切種智，恆自受用得大自在，是自己、自身達到般若波羅蜜的狀態、境界時，能夠證到一切種智，種子的種、智慧的智，一切種智就是萬知萬能，世間的一切盡在心中，一切萬有的成住敗空各階段，生成、

發展、最後的結局，由成一直到空，由空再到成，不斷迴圈反覆的狀態、階段性，全都知道，即所謂一切種智。這不就是大神通嗎？

佛是大神通，是無漏神通，就是證到了一切種智，是證到而不是理解，不是悟到。這可不簡單，到達這個境界的時候，就能做到恆自受用，恆即永恆，不間斷，恆即常，從不間斷；受用即歡喜，沒有煩惱，沒有束縛；恆自受用，即一點煩惱都沒有，一點束縛都沒有，即是大解脫，得大自在。

智度三行一定是在慧度三行的基礎上，得到般若智慧以後，自然獲得無相智，自然就獲得了受用法樂智，都是自然而然就得到，是慧延伸出去的。慧是本體，智是應用，無慧就無智；慧包含著智，智不包含慧；由慧生成智，不能由智生成慧；有了慧，同時就有智，慧和智無二別，不是先後順序，而是同時俱生，同時俱有，但是目的性不同。慧是本體，是本性，本性是空，要觀其空，本性是空不代表真空，還能起用，是透過後四度方便、願、力、智來起用。

智度的第三行即謂成熟有情智。何為有情？有情眾生，即不僅有色相，同時有心的功能。五蘊中，色相是由四大和合而成，心的功能是由受、想、行、識四種功能和

合而成。地、水、火、風四大，構成了我們的色，與受、想、行、識這四種心的功能，和合而成五蘊，即色、受、想、行、識，然後形成了有情之眾生。因此，有情眾生是由色與心的功能，即是由形和心的功能合起來形成的。

我們要修佛，什麼樣的人和眾生能夠修佛？無情眾生、有情眾生，我們指的是度化有情眾生。所謂成熟有情，當我的智慧達到慧波羅蜜，自然就能度化、教化有情之眾生，把他們帶入佛道，行菩薩道，此即謂成熟。成熟的結果即為圓滿，越來越成熟就是修圓滿。

成熟有情智這一行又可解說為，教化饒益一切眾生，成就道果，這就是智度的第三行，是為了眾生、為了教化眾生，所以稱為教化饒益一切眾生，富饒的饒，利益的益，教導的教，化是結果、即度化，度即度過、承載，達到果地即是化。

一切佛菩薩，以及聖人，只做一項事業，別的工作都不做，僅僅就是做教化的工作、教導眾生得大智慧、識自本心得大智慧，把眾生帶向昇華、帶向聖人之道、帶向佛道，這是聖人唯一所做的事業，聖人不做世俗中別的工作，而是超越於世間的一切的工作，永遠都是教化眾生，只做這一項工作，即是當老師。比如，釋迦摩尼佛祖，他得道

之後，證悟以後，四十九年講經說法，就是教化眾生，他不去賺錢，也不去想辦法當好國王，也不去想辦法管理好他的國家和民族，也不是想辦法讓國家和民族更加強大、更好的繁衍生息，他不做這些工作，而是四十九年只做教化工作。

孔子，孔聖人也是一生只做教化的工作，培養了三千弟子、七十二賢人，由弟子們去做世間的工作。鬼谷子不會直接出來做元帥、做將軍、甚至做國王，不會的，他也只是做教化工作。六祖惠能，世間的工作也都不會做，不會為了賺更多的錢，得到更大的權利，去用心思、做工作。所有的聖人只做一項工作，就是教化眾生，把無上的智慧傳遞給眾生，點化和激活眾生。這就是孔聖人所說的，師者傳道、授業、解惑者也，這就是所謂聖人的事業，都是做師者，傳遞的是智慧，教眾生如何得到大智慧，如何破除煩惱，如何得到世間圓滿的果報，以及出世間圓滿的佛果，聖人只做這件事，傳道、授業、解惑，不做別的。無論是儒學、佛法、道法，不管是基督、伊斯蘭、猶太，或者任何其他的法門，其實所有的聖人們都做這一件事，而且只做這一件事，就是利益眾生、教化眾生。

教化饒益一切眾生，當我得到般若智慧之後，我就知

道宇宙的真相，知道宇宙發展的規律，而且掌握了這套規律，我也看透一切萬有皆是空相，自然放下我的執著與妄想之後，清淨心、般若波羅蜜大智慧就生起。我的清淨心隨時都保持著，這個時候有無數的機變，在世間無數的變化，都是為了一件事，教化眾生、饒益眾生。讓眾生得到富饒，即生活物資大自在、大富饒；而益，即利益、成人之美，想要一切世間的任何願望都能實現；饒益，既富饒，又能實現世間的一切，滿一切願，當然要是善願，即滿一切善願。

為何需要饒益？就是為了便於接引眾生，其實就是以欲勾牽，令入佛智。饒益，富饒又有成就，這是世間所有眾生都需要的、最現實的，先把最現實、最需要的給到眾生，但這是為了隨緣教化他們，不是讓他們更沉迷於財富，不是讓他們更沉迷於現實的成功之中，給他們是為了讓他們信，讓他們感興趣。先滿足了他的欲，然後再開導他，告訴他還有更高的智慧，真正要的是清淨，是斷除煩惱，在世間得到的豐富的物質資源、富饒、富貴，包括所有的成功，其實都斷不了煩惱，都是有煩惱的。而且成功越大，煩惱越多，富貴、財富越多，煩惱越多，這是世間斷不了的。

我們真正要的不是富貴與財富的表象，得到功成名就又如何？斷不了煩惱，天天都在煎熬，即使是國王、國家元首、總統又能如何？還是在煎熬之中，甚至不如一介平民老百姓，即使當上了所謂的總統，也會後悔，為什麼？看似前呼後擁，好像儀仗隊特別威武，保鏢無數，為什麼要保護你？不是因為有危險嗎？不是也怕死嗎？這個地位和身份有多少人想害你？而作為一介平民百姓需要那樣嗎？當了總統以後，起心動念都不能有一點歪的、邪的，二十四小時都被人無微不至監控著，完全沒有任何自由，更別說大自在了。因此，給你世間的成功，其實是讓你看到成功的背後帶著大煩惱，而我們要的真正的成功，要的大富饒，是沒有煩惱的，是斷盡煩惱的，這才是真正更高境界的，我們真正應該追求得到的。

　　如何得到？首先得從物欲，從利益、金錢之中超脫出來，不要執著於這些，但是我們也並不排斥或者不要這些。沒有金錢是不是就沒有煩惱了？錯了！沒有金錢，煩惱更大。沒有財富，沒有富饒，有更大的煩惱，想修行都修行不了，法侶財地缺一不可。我們並不是認為財富給我帶來了煩惱，就不要財富了，那就偏執了。

　　很多人認為：「我視金錢如糞土，我兩袖清風，一身

傲骨，我沒有財富，是不是就清淨了！」

清淨什麼？孩子上學交不起學費，生病看不起病，飯都吃不好，談何清淨！那不是清淨，那就是自欺欺人，就是騙人。

我們真正學佛法，真正獲得大智慧，就是要有財富，要有富饒，我可以做大官，可以有圓滿的幸福，但是這些都不會給我帶來煩惱，這才是真正圓滿的幸福，是我們真正想要的大智慧。智慧是從這裏體現的，佛法教我們的就是這個，儒學教我們的也是，都是對世間的一切饒益、成功不排斥。所有排斥世間富饒、財富、幸福、大成功的，都是邪，就是偏執。為了不要煩惱，成功也不要，財富也不要。然而不要了就沒有煩惱嗎？其實會有更大的煩惱，我們要認清這一點。

智度三行，分這三個階段，從我受轉到化他，這就是菩薩行。但是為什麼智度三行不是本體，也是有漏的？因為其中還有我，還有他，雖然修到了無相智，已經獲得了般若波羅蜜，我已經有了大智慧，但還沒到盡頭，我自己受用法樂，即是我自己還要享受喜悅，喜悅即沒有煩惱。其實不是所謂的天天開心，受用並不是指天天開心。開心對應的是痛苦，沒有痛苦了還有所謂的開心嗎？所以也不

是所謂開心，應該稱為得大自在。

所謂躁鬱，開心即為躁，痛苦即為鬱，我們現實中的凡人、普通人，要嘛是躁，要嘛是鬱，要嘛開心起來歡呼雀躍、感動、激動，就是躁，而躁時間長了、強度大了，就成為狂即所謂躁狂，會引發我們的焦慮。開心是興奮，過了就是狂，所以我們經常會興奮躁狂。痛苦其實即是抑鬱，抑制、壓抑、鬱悶。現實中的凡人非躁即鬱，在這兩個極端之間不斷的來回切換，所以稱為苦樂參半。

當我得到大智慧以後，我自身稱為受用法樂智，這是一種智，得的是自在、沒有煩惱，但不代表開心雀躍，這也叫做中度。中即是恆自受用，受用這種清淨。色身以外，心的功能受想行識，第一個就是受。如何受用是一種感覺，平衡清淨的狀態，並不是開心，而是清淨的狀態。人天天開心根本受不了，那就躁狂、興奮、睡不著覺了。我們開心會睡不著覺，悲痛會睡不著覺，開心長了就亢奮，亢奮長了就是躁狂，其實這是一種病。任何東西高速的旋轉，時間長了都受不了。

其實第二行受用法樂智，在現實中我們要做到受用這種清淨心，保持內心、身心的平衡，即恆自受用，保持平衡，得大自在。我們得到的是大自在，我們要有大智慧，

真正有了大智慧，才有可能大自在，才真正能夠掌控生死。

　　生死是怎麼來的？生死這一關如何破？首先是看破，然後才是行破，看不破在行動上就肯定破不了。我們知道有生死，知道我下一生會變成什麼，知道我這一生是怎麼死的，下一生是怎麼來的，而知道怎麼來的，我就能掌控如何死。我們得知道這個真相。真相即是我們受業力所牽引，在生死苦海當中不斷的輪迴。所謂輪迴即是隨波逐流。又在隨什麼波，逐什麼流呢？隨著我們的惡業、善業之波，逐的是所謂命運之流。也就是善惡，我們趕上這一波是善業現前，就生在善道；趕上這一波是惡業現前，就生在惡道，所以稱為隨波逐流，自己完全掌控不了，即為凡夫。

　　智者、菩薩不受業力所牽，自己能夠掌控，想生在善道就生在善道，想生在惡道就生在惡道。何為菩薩？必是修成六度，得到六度波羅蜜的大智慧。那麼自身的生死，自己就能掌控。得到了六度大智慧，尤其是慧度，當我知道我的心一清淨，我就能知道生死是怎麼回事，知道一切皆是業力牽引；當我證得一切種智時，我就不受業力的牽引。業力之所以能牽引我，是因為我的執著和我的妄想，當我不執著、不妄想，外境就牽引不了我。

　　外境就是我們的內心起的善業、惡業、無記業所呈現

出來的，我的內心生起的是善業，那麼善業現前，現實中就一切順利，富饒利益，得貴人相助，幸福安康，這就是善業現前。一旦內心當中惡業現前，則現實就會不幸、不順、命運坎坷、小人當道、被誣陷、攤官非、家庭破裂、子孫不孝，這些就是惡業現前。由於我們的執著與妄想，善境現前了，我們就陷於善境，惡境現前我們則執著於惡境，我們擺脫不了。而得到這種般若智慧，就能看透一切，心不隨惡業、善業現前的業報而動，心不隨境而動，境就會破掉，因為境是假象，但看不透就是真的，以為境是真那就是真，看透一切相皆是虛妄，就破了境，就是虛空粉碎。

虛空粉碎，即是所有的惡境以及善境都是海市蜃樓，你以它為真，就被它吸引進去，就成了它其中的演員，不斷的在其中悲歡離合，你就入戲了。一旦你跳脫出來，你就是旁觀者，知道這是假的，它就牽引不了你了。

尤其是人在臨終之前那一瞬間，阿賴耶識最後離身，而新生命開始是阿賴耶識第一個來，這即謂去後來先做主公，主公就是阿賴耶識，是我們生命的主體，生命的一切都是主體幻化呈現出來的。當阿賴耶識離開前一個身體，在形成下一個身體的中間那一瞬間，其實並沒有間斷，只

是那一瞬間，阿賴耶識中蘊藏的種子，會一切全部現前。即是你的生生世世，還得在那一瞬間過一遍，就在那一瞬間，你得走完自己的生生世世，再走一遍，這就是所謂瞬間即永恆，永恆即瞬間。

而在又過一遍的瞬間之中，你的心執著於什麼，執著於善境，抓取了善的一瞬間、美好的一瞬間，你的下一個生命，立刻就現前了，你就生在善道；如果在那一瞬間，阿賴耶識全部業報現前的一瞬間，你抓取的是惡境，看到恐怖的場景，你一下就被吸引進去，瘋狂的跑，忽然起了大嗔恨心，一瞬間下一生你就投胎做了惡獸、毒蛇、蠍子，或者是厲鬼，你就入了惡道。人的命、人的生死是由自我自己掌控的，如何掌控？你執著於什麼，就會變成什麼。

其實我們每一個人在舊的生命結束、新的生命開始那瞬間，都有回歸本體的機緣，每一個生命結束的瞬間、輪迴的那一瞬間都有機緣，你能抓住嗎？怎麼才能抓得住？首先即要有大智慧，平時練的就是清淨心。如果在阿賴耶識業報現前的那一瞬間，你還能保持清淨心，即是如如不動之心，心不被外境所動，心不被外境牽引，於一切善境惡境皆如如不動，於一切惡人善人不取不捨，亦不染著，你的心就能保持如如不動，就能清淨，如果在那一瞬間能

保持住清淨的本心，你眼前業報現前的一切，當下就會粉碎掉，你就破了業報、業障。

當虛空粉碎、大地沉平的時候，佛境就會現前，這是理。此時你就會大解脫、大自在，就能達到菩薩境，就能隨心所欲，跨越各個時空，跨越各個輪迴，跨越各種善道、惡道，想到哪一道就到哪一道。所以我們平時修行，就要知道我們為什麼平時要精進的按照正道修行，其實就是為了最後那一瞬間，在生死輪迴那一瞬間，我們要把握、保持如如不動，我的心不被外境所牽引，能夠做到不管面對善境還是惡境，都不取不捨，亦不染著，這是有實際的功夫的。

如此修的就是菩薩道，得菩薩大自在。財富、官位、幸福，這些都是假象，只有我認其為真，執著於它的時候，它才是真，我的心就會隨著世間的善惡、好壞，不斷的取捨，而脫離不了。真正修成般若大智慧，我看透了這一切，知道一切相皆是虛妄，我得到了無相智，達到的是觀性自空，觀到了事物的本質就是空的、虛無的、虛妄的，我就不會被它所牽引，此即謂無相智。

我真的能夠在現實中，平時就不斷的練，就能做到無相智，得到無相智，證到無相智，那我在生死輪迴的一瞬

間，就能掌控生死，就能做到大自在。這即是破生死關，是修行中最重要的一關，破了生死得大自在，三界留不住你，五行拘不了你。超出三界外不在五行中，就在輪迴的生死一瞬間，每個人都有機會，超脫生命的狀態昇華，得大自在。但是要想在那一瞬間掌控得住，就要靠平時的練、平時的修。

因此要修這十度，尤其是前六度。為什麼我們會被惡業或善業所牽引？就因為我們貪，貪善境、貪享樂、貪欲望；因為我們嗔，控制不了我們的怒氣，嗔怒、嗔恨，背後就是恐懼，我控制不了自己的恐懼，沒有安全感，這是根，然後就引發了我的嗔和恨；要不我們就癡，過於執著。貪嗔癡三毒，會使我們貪戀善境，對惡境、惡業就遠離、逃避、恐懼，就會勾起我們的嗔，後面貪嗔癡三毒，才使我們分出了好壞、分出了善惡，就開始取捨、開始執著。所以修前六度的布施、持戒、忍辱，這就是針對我們的貪嗔癡著手，讓我們的心清淨，遠離貪嗔癡三毒，如此自然就會得到戒定慧，心自然清淨下來，現實中對外境、對內五欲外六塵都會不取不捨，亦不染著，就不會貪染了。

在現實中練這種清淨心，對境心不動，心不為外境所牽引，心不隨外境而動，心做到如如不動，然後才能做到

心能轉物、心能轉境，才能讓外境隨我的心而轉，這就是如來，就得大自在了。現實中能做到這一點，能證到這一點，在那生死瞬間之時，就能掌控生死，這就是為什麼要修六度，為什麼要修十度。掌控生死以後，就可以穿越於各個時空，可以投生各處，就已經不是胎生、不是卵生、不是濕生了，而是化生，即突然就會出現在某個時空中。

為什麼會出現在某一個時空？跟你的願力相關。出現在那個時空做什麼？因為你要救度、教化、饒益那個時空的眾生。只有為此你才會穿梭於各個時空，最後才會留在某個時空，才會以化身化現，你就脫了受胎、出胎之苦，你就遠離了胎生、卵生、濕生，那都是苦、都是迷，即迷之苦。

菩薩都是化現、化生，正所謂蓮花化生。在這個世界上，我要出現在地球，要救度地球的眾生，直接就化生了，一出現直接就是化現而來的，來度化這一方水土的眾生，只有這個原因，這就是所謂乘願再來。所有的菩薩都是乘願再來，祂的願力決定了祂在哪個時空化現，這即是菩薩道。

而阿羅漢，雖然心也清淨，但是他不會在各個時空大自在，呈現的是寂靜相，自己靜靜的，到了這個階段，已

經清淨了，我清淨不是為了度化誰，自己清淨就行。就自己在清淨裏，這就稱為阿羅漢。他不跨越時空，他不是大自在的在各個時空化現，那多累啊，怎麼還能起心動念呢？為什麼要動念？這就是阿羅漢道和菩薩道的不同之處。

第三節

六度非形是智慧一以貫之
善巧方便不究竟成就道果

　　十度的後四度所講的是菩薩道，菩薩得了清淨心，破了惡業、業障、業力，虛空粉碎，得大自在，後面所做的一切都是為了教化和度化眾生，所以菩薩很忙，但忙而不累，其實一直在自己的受用法樂智之中，心都是平平靜靜的。也許祂會化現成一個妓女，以妓女身來度化與祂有緣的眾生；也許會化現成一個屠夫，以屠夫身度化與祂有緣的眾生；也許化現成一個坐監獄的人，以囚徒身度化和祂有緣的眾生；也許化現成醫生，也許化現成護士，也許化現成國王，祂的一切化現都是為了度化與祂有緣的眾生，這就是行菩薩道。

　　行的就是清淨心所發出來的四度，方便、願、力、智，善巧方便諸法門都信手拈來，任何方便法都有，你信什麼祂就給你呈現什麼，以欲牽引，令入佛智；祂化現的動力就是願，以願力化現十方世界，大自在是願力呈現；力量、威力廣大，沒有誰能戰勝，因為祂心裏沒有任何衝突，沒有任何敵人；同時智慧無邊，就是第三行成熟有情智，為

了教化饒益一切眾生，成就道果，智慧無邊，都是發自清淨心，而這種智慧是隨順眾生之智，看似有漏，實則發自於慧，發自於祂的般若波羅蜜，即般若大智慧。以不究竟的、有形、有相、有為的智、力、願、方便，把人以及眾生接引進菩薩道、佛道，令其成就道果，這就是十度。前六度修自己，後四度度眾生，這是菩薩道、佛道裏最基礎的。

我們不要誤解，不要覺得修行就是開始打坐，開始禁欲，開始吃齋念佛，這不是修行，而是助行，這修的不是本體。修行、修佛法最重要的是斷煩惱、離苦得樂。打坐能斷煩惱嗎？吃齋能斷煩惱嗎？禁欲能斷煩惱嗎？現在多少人越吃齋煩惱越多，與眾不同、格格不入，禁欲男女授受不親，與人最基本的幸福、最基本的情感、最基本的繁衍、最基本的人性，都敵對著。天天說是在修行，以為這就是修行，其實不是。但是要清楚，心中無敵對，心中無衝突，不是所有不結婚的人就都是敵對，不是那個意思，有的是靜候有緣。其實子女也是緣，夫妻也是緣，有的人緣先到，有的人緣後到，是不一樣的，關鍵是不能為了修行，而特意排斥人與人之間的情感，就覺得這是惡，這就有問題，這樣不是修行。

那種苦行，釋迦摩尼佛祖吃齋，都已經不是吃齋了，日食一粒米、一麻一麥，何止過午不食，每天就吃一粒米，那才是苦行，完全不近女色。後來苦行六年，世間一切苦行全都經歷，在河邊馬上就要餓死，被牧羊女用羊奶救活，救活以後，回頭說這些世間的苦行都是外道，不得究竟，所以放棄了苦行。現在世間，修行還是在走著釋迦摩尼佛祖已經走過且告訴我們是外道的路，還覺得修行本體是天天在身體上、在行動上、在身形上不斷的下功夫，執著於色身。

　　有人說：「老師，我就是為了不執著色身，才苦行的。我為了不貪吃、不貪色、不貪名聞利養，所以我才苦行的。」

　　其實你這樣就更執著了。你不執著於身體怎麼享樂，而是執著於不在乎身體、放棄身體，你對色、受、想、行、識，從色身、色行一直到心的功能，都偏執於不在乎、無所謂。你陷入了苦行的執著，以為這就是放下，以為這就是對治你的貪、對治你的享樂。你從一個極端走向了另一個極端，根本就理解不了佛為我們呈現的中道。儒學的最高境界是中庸之道，佛是中道，道家講究的是陰陽平衡之道。而你不平衡，從一個極端走到另一個極端，不貪著所

謂享樂的善境，反而在貪著那種讓自己痛苦的惡境，同樣是一種執著。

修佛應該從哪裏起修？一定要從六度起修，修六波羅蜜，一定要記清楚不是修六種形式，把布施修成了一種形式，千萬不能過了，過分的布施就太執著於布施了，就不是智慧了。把布施絕對化，把本是無相、一個象徵意義的布施，做成了實相，變成了有。天天執著在布施上，為了打破貪欲，結果反而在貪，反而變成了貪布施。把布施當成了一種執著的貪、更大的貪，本身持戒是為了看透、看破欲，各種欲望，如淫欲、上癮、享樂、刺激，為了克服欲，反而把持戒當成了更大的欲，可能不飲酒、不近女色、不被食欲色欲所迷，不再貪圖刺激之欲、生理享樂之欲，反而在貪圖持戒之欲。

禁欲，你就犯了八惡見之一，即戒禁取見，這是很重要的一大惡見，本身就是惡見。所以持戒也不能過，只是對治淫欲、身體的享樂、生理的刺激，但是別過，持戒不代表禁，所以在修六度的時候也要注意，忍辱也是。為什麼稱為六度波羅蜜呢？其實我們要修的是六種智慧，布施有布施的智慧，持戒有持戒的智慧，忍辱有忍辱的智慧，禪定有禪定的智慧，都不是從形上來的，修的是智慧。我

們在修六度時，是要得到這六種大智慧，最後形成了我們的般若大智慧、圓滿的智慧。

所以，修六度波羅蜜的過程中，一定要非常注意這個方面，否則就又修到邪道上去了。要修六度波羅蜜，但執著於這上面的時候，就已經不是智慧了。所以把六度波羅蜜修好，最後得第六度般若大智慧。其實後面四度不需要修而是呈現，方便、願、力、智是前六度修好之後，發菩薩願，行菩薩道時，自然而然就呈現出來，不需要再去修、再去學，自然就具備了。因為所有的後四度都是第六度發出來的，當具備第六度即是般若波羅蜜，再發菩薩願的時候，自然就具備那四度的功德、功能，自然就具備無數的八萬四千種法門，隨心所欲就出來了，根據不同的人，隨機教化。

比如，信基督教的人，你馬上就可以傳他基督教的東西；信伊斯蘭教、猶太教、佛教、道教、儒教，來了之後什麼都可以傳，你就具備了善巧方便波羅蜜，自然願、力、智你就都具備。所以，孔子修成了以後，他的三千弟子發現問一切的問題，孔子都能明明白白的、把本質解答出來。孔子的博學、知識的淵博，完全的、遠遠超出同時代的人，甚至他所講解的是同時代的人，甚至包括前人根本就沒有

的。

　　子貢一直伴在孔子身邊，非常詫異，說：「老師，您會這麼多的東西，這麼淵博，也沒看您跟多少人學習過，您是怎麼知道的呢？什麼您都知道，天上地下的、水裏山上的，您怎麼全都知道呢？」

　　孔子回答子貢這個問題說：「這些都不是我學來的，我怎麼得到的？即所謂一以貫之。」

　　這是《論語》裏面都有的，「一以貫之」，在此孔子的「一」是何意？一即是不二，不二即是放下分別。一，即已經得到了整體。得到了整體，在《六祖禪經》的禪宗心法裏面，其實就是得到般若大智慧，即般若波羅蜜。得到般若波羅蜜，心清淨了，沒有分別，不取不捨，亦不染著的時候，即到「一」的境界，就具備了大智慧，掌握了世間一切的善巧方便法門，自然掌握了願，掌握了力，又掌握了智，亦即是菩薩道，以及行菩薩道的大神通，就都掌握了。

　　其實，孔門儒學強調的，和佛學強調的是一回事。儒學修的格物、致知、誠意、正心，之後就能修身、齊家、治國、平天下，這是儒學的八條目，即儒學的修行的階梯以及標準。其實正心即清淨心，得到清淨心，自有般若大

智慧，就達到了般若波羅蜜的狀態，那時顯化於世，想修身、齊家、治國、平天下都是隨清淨心發出。因此，儒學和佛法沒有兩樣，我們怎麼得大智慧，怎麼成為聖人？世間只有這一條路，即所謂不二法門。

真正起修，我們要知道禪宗心法之理，知道有一個識自本心、心的作用。我們也要知道如何去修這顆心，能在現實中起最大的方便，達到無漏大神通，成為聖賢、成為菩薩。我們只有這一條路。

在儒學裏，我們修的是格物、致知、誠意；在佛法裏，我們修的是六度，都是一回事，都是為了正心，佛法裏的四聖地、八正道、十二因緣、十度、十住、十常，都是在修這顆心。我們要從六度開始起修，六度中即有戒定慧，六度中即有八正道，六度中即有四聖諦，六度中即有十二因緣，都包括在這裏。六度即是現實中修行佛法的起修處，我們要獲得這六種智慧，最後達到圓滿的般若波羅蜜大智慧，再去發菩薩願，行菩薩道，才能度盡眾生到達彼岸。這就是十度的講解，十度的奧秘、十度的作用以及重要性所在。

修佛法不可一步登天，只知其理，僅僅是在理上解，沒有用，也用不了。只知道與別人辯佛理，就是禪油子，

解決不了世間任何問題。一定是從理上解，而後不斷的修六度，得到六種大智慧，才能悟到，無數的小悟集成大悟，無數的大悟集合成大徹大悟，就證到了，到那一天再發菩薩願、利益眾生之願，才能走上菩薩道，然後才有可能得到佛果，此即謂之成就道果。

所以六度對我們、對所有修佛之人來講，非常的重要。執行六度的過程中，如何掌握六度的智慧，即波羅蜜是重中之重，必須要得到六種智慧，才能圓滿。這是我們佛法的起修處。所以六度的作用、六度的重要性，怎麼強調都不為過，這不僅是我們修習佛法的起修處，而且是修習一切真理、真諦，要成就道果唯一的不二法門。

十度波羅蜜到此講解告一段落，「摩訶般若波羅蜜，最尊最上最第一」，有緣再續。

明公啟示錄：
解密禪宗心法——《六祖壇經》般若品之四

作　　　者／范明公
出 版 贊 助／徐麗珍
主　　　編／張閔
美 術 編 輯／申朗創意
責 任 編 輯／林孝蓁
企畫選書人／賈俊國

總 編 輯／賈俊國
副 總 編 輯／蘇士尹
編　　　輯／高懿萩
行 銷 企 畫／張莉滎・蕭羽猜・黃欣

發 行 人／何飛鵬
法 律 顧 問／元禾法律事務所王子文律師
出　　　版／布克文化出版事業部
　　　　　　台北市中山區民生東路二段 141 號 8 樓
　　　　　　電話：(02)2500-7008 傳真：(02)2502-7676
　　　　　　Email：sbooker.service@cite.com.tw
發　　　行／英屬蓋曼群島商家庭傳媒股份有限公司城邦分公司
　　　　　　台北市中山區民生東路二段 141 號 2 樓
　　　　　　書虫客服服務專線：(02)2500-7718；2500-7719
　　　　　　24 小時傳真專線：(02)2500-1990；2500-1991
　　　　　　劃撥帳號：19863813；戶名：書虫股份有限公司
　　　　　　讀者服務信箱：service@readingclub.com.tw
香港發行所／城邦（香港）出版集團有限公司
　　　　　　香港灣仔駱克道 193 號東超商業中心 1 樓
　　　　　　電話：+852-2508-6231　 傳真：+852-2578-9337
　　　　　　Email：hkcite@biznetvigator.com
馬新發行所／城邦（馬新）出版集團 Cité (M) Sdn. Bhd.
　　　　　　41, Jalan Radin Anum, Bandar Baru Sri Petaling,
　　　　　　57000 Kuala Lumpur, Malaysia
　　　　　　電話：+603- 9057-8822　 傳真：+603- 9057-6622
　　　　　　Email：cite@cite.com.my
印　　　刷／韋懋實業有限公司
初　　　版／2021 年 04 月
定　　　價／300 元
I S B N／978-986-5568-64-1
E I S B N／978-986-5568-63-4（EPUB）
城邦讀書花園　布克文化
www.cite.com.tw　www.sbooker.com.tw